時報出版

# 別讓世界奪走你該有的燦爛

餘生，只需要取悅自己

篠崎泫 著

要成為誰？
自己決定！

—作者序—

如果你問我，目前人生最自豪的事是什麼？
就是——我能活成現在這個樣子。

相信不少人都聽過一句話：「幸運的人，用童年治癒一生；不幸的人，用一生治癒童年。」我認為，那個過去的她，永遠無法真正被治癒。我們永遠回不了過去、改寫不了你的原廠設定程式、更改寫不了你的歷史，而那被扎根在潛意識裡受傷的孩子，雖然治癒不了，但我們能學著看見她、照顧她、善

待她、並且擁抱她，把那些一件件改寫不了的創傷事件，轉化成一道道人生的光與動能。

童年的我，沒有固定的家人，在超過七個不同的寄養家庭之間輾轉遷徙，彷彿是流浪沒人要的小孩，總覺得自己是個不該存在的錯誤、不被愛的個體，總是被丟來丟去。人生經歷過幾次重大創傷，沒有人發現、關心，多少個滿腹委屈的夜晚，也無處訴說……

踏入演藝圈也是誤打誤撞，起初為了賺錢而來、為了人情而留下來，近幾年才開始逐漸喜歡這份工作……

一路以來的命運多舛，即使生活環境充滿各種不順遂和打擊，我一直堅持努力讓自己能成為一個「好人、乖小孩」，在大家眼裡可能從未走偏已是莫大的恩寵，但我一直自詡要成為一個讓「自己也會欣賞的那種人」，所以我一直好努力好努力，即便沒人看見、沒人肯定，即使好多次嘗試放棄生命，卻從未想過放棄那個想成為的自己。

也曾猶疑過好多次，到底要不要將經歷分享出來？還是要繼續沉默不回應，假裝自己和別人沒有不一樣？我好恐懼，這麼做會不會是錯了？這些分享對於這個世界到底是好還是傷害？起初是身邊的人不斷鼓勵，再到這些年陸續收到很多透過我的深入訪談、我的文章、我的分享，數以千計的反饋留言和

私訊⋯⋯告訴我，我的故事帶給他們多大的啟發和力量，從而讓我發現，我經歷過的這些事，如果說要有些什麼正向的意義，或許是經由我的轉化和分享，能帶給他人一些力量。

中間經歷過無數次的掙扎，開始又停下⋯⋯來來回回⋯⋯直到有天我聽到一句話：「看你對這件事情承諾程度到哪？有沒有夠為這件事情承諾到底，無論付上什麼代價？」我就像是頓悟一般⋯⋯

我應該把這些經歷當作是我的禮物，讓它們轉化成有價值的存在，這就是我存在的意義和使命。我應該更專注在我能為他人創造的價值上，而不是我自己世界的對與錯；我應該為我想為他人創造的價值而驅動，而不是被自己的感受給制約，尤其是恐懼。我對自己說：「感受是你給自己的，價值是你能給別人的。」恐懼大多是人類想像出來的幌子，它根本未必會真實發生或存在。

> 花心力在我能給別人照亮的光，而不是我只能給自己泯滅火苗的幌（幌子）。

回想起那些顛沛流離、那些黑暗又危險的經歷，雖然驚險，但也幸運，我還活著⋯⋯還能活成現在這個樣子。有句話說：「沒有傘的孩子，只能努力奔跑。」我一直都努力奔跑著，但有些羈絆一直阻礙著我，在我的人生遇上一

些顛簸時，這些羈絆便會使我停滯不前，我得搞清楚，它們究竟是什麼？對我來說，人生就是不斷拾起又放下的過程，而真正的成長，是要學會放下。隨著年歲漸長、經歷越多，我們不自覺會讓人生包袱越來越重，讓自己越來越難前行，但其實更重要是，如何放下那些我們不該緊握的東西，我們的人生才能越走越順暢、優雅。

「我不是藝人，我是異人。」我或許沒有特別突出的才藝、才能，我或許從來沒有站上舞台的夢想，但如今我在這裡了。或許，透過我所經歷的「奇聞『異』事」，我活得「『異』於常人」，才是我走上這條路的意義，也正是我繼續留在演藝圈的價值。

這本書，記錄著我如何經歷、拾起、轉化再到放下的過程，很多人很好奇：「我怎麼能活成這樣？」這裡將寫下我的這一生，我選擇怎麼活？寫下這本書，寫下這些我所經歷的真實故事，不是為了指責過往的誰，我相信每個人都有屬於自己的不得已與苦衷。我只是想寫下我所經歷、我所體會、我所成長，期許翻閱這本書的你能從中獲得一些力量，我們都能透過努力，不被環境和過去限制，而去成為自己想成為的那種人——不要讓出身或環境造就你，你要成為怎麼樣的人，是自己決定的，你要成為誰，是你決定的！

# ─ 目錄 ─

一前言一

寫在前面……

小時候的我，從來沒有過真正的「家」……
從有記憶以來，就是在各個寄養家庭中長大的。
一直以來都沒有固定的住所、沒有固定的家人、沒有自己的房間，
從小便是幽靈人口，直到 12 歲才報戶口，才有了自己真正的名字……

童年最渴求母愛的那些時光，我卻幾乎沒有和母親好好相處的機會，
記憶中，只有屈指可數且片段的時刻會和媽媽在同一個屋簷下。

我對母親的愛，充滿許多渴望，卻同時參雜許多恐懼、疑問、不理解……

父親，則是從來都沒有見過，至今對我來說，都是陌生人般的存在。

他長什麼樣子呢？他是個怎麼樣的人呢？他知道他有個女兒嗎？

我甚至不知道，他，還活著嗎？


我，是怎麼長大的？

顛沛流離的童年，如何成就了現在的我？

沒有太多照片、沒有太多家人共享的甜蜜回憶。

但我卻在憂鬱症超過八年之後，

逐漸解開過去的結，終於看清是什麼困住了我，

在我回想的記憶中，在親友訴說的畫面裡，拼湊出我童年的樣貌

終於找到那有如黑洞般的根源，也逐漸找到自己存在的價值。


這本書，寫下我所知的成長經歷，也寫下我轉化的過程，

更希望寫下的是一股陪伴的力量，陪伴每一個孤獨且受傷的靈魂。

面對心中的黑暗不容易，

但或許我們可以一起學著面對、一起練習放下，

一起學著擁抱那一個曾經受傷的自己，然後再……

一起努力成為，

自己也會欣賞的那種人。

那些年的隻字片語

# Chapter 1

# 剛來到

# 這 世 界

流浪顛沛，
被丟來丟去的人格養成期

最初的依附、
一輩子的追尋

不被祝福的出生，最初記憶不是媽媽

最初的依附，
一輩子都無法忘記，
成了我畢生的追尋。

那一刻，我終於解開人生好多困惑，我終於知道了為什麼我會這樣顛沛流離，原來我是這樣來到世界上的啊！

國二那一年暑假去日本找母親，在我和母親屈指可數的獨處時光中，我鼓起勇氣問了她：「為什麼我小時候會被賣掉呀？我不會怨恨也不會計較，只是這一直是我心中的問號，我很想知道答案，解開心中這個結，可以告訴我嗎？不管是什麼答案我都能接受，我只想知道為什麼就好。」當時她便全盤

托出，從我出生以來，她是如何看待我這個生命的，以及發生過的種種⋯⋯
那一次的對談，我印象非常深刻，就在我母親日本住家的廚房裡，當時是個
風和日麗的下午，我媽媽一邊準備著晚餐，一邊和我娓娓道來，這算是我和
母親這輩子最深的一次交流了。


## 我的母親在人生低谷生下我，
## 她真的無法愛我

當時她親口和我說：「生下我，讓她經歷了人生最低谷難熬的時光，她懷胎
十個月，全家大小都以為這胎終於是兒子了（當時的超音波都顯示我是個男
孩兒），卻在臨盆的那一刻，才知道生下來的是個『女兒』，她當下只有詫
異，沒辦法有任何一絲喜悅。」

帶著震驚與錯愕，母親坦言我一出生時，她確實不想要這個孩子，當醫生告
訴她：「是個可愛的女兒喔～」在那當下，她甚至想過要把我掐死，而後我
在保溫箱的那 7 天，她從未來看過我，連我長什麼樣子都不想知道。母親生
產完出院後，還是個嬰兒的我，也就獨自被留在醫院保溫箱裡，四十多天後，
護士查到我家戶籍地，我才被護士抱回家裡。我被護士抱回家的事，和長大
後聽表妹轉述她父親說的過程，是一模一樣的。

提到生下我的那陣子，她短時間內歷經了事業倒閉、破產、賭博欠債、和我父親關係決裂，也因此我從未見過生父。她也因為生下的是「女兒」而和我的外婆決裂，被趕出家門……導致她接連同時罹患了憂鬱症和躁鬱症。母親說道，對她來說，那時候我就像是個帶著厄運來的孩子，所有的不幸都是從我出生後開始發生，且當時罹患躁鬱症的她，發病時便會失控打我出氣。據她說我是個非常奇怪的孩子，因為我幾乎不哭的。不僅尿布濕了、肚子餓了不會哭，甚至怎麼打也都從來不哭，而我越是沒有反應，就越是刺激到她。她說當時生病的她，真的覺得我是來給她造孽的、我是來折磨她的。

親戚們也曾坦言，媽媽當時會一直打我，打到數度要叫救護車。加上我是個不哭的怪異小孩，讓她經常打到失手，有一次我被打到鼻骨碎裂，骨裂大多沒辦法開刀修復，需要時間讓骨頭自己長回來。那段期間或許是因為碎裂的骨頭會不斷刺激到鼻黏膜，所以我有長達一至兩年的時間，幾乎天天流三、四次鼻血，彷彿照三餐流、睡前也流、天氣熱也流、稍微碰撞都會流……那時天天流鼻血，流到見怪不怪了。

媽媽那陣子因為情緒無法自控，舅媽實在擔心我會被打死，加上母親經濟狀況也不是太好，於是開始嘗試找保母來扶養我，這就是為什麼我有記憶以來就在奶媽家，也是後來不斷輾轉在眾多寄養家庭的起因。

　　或許媽媽當時正經歷著生命不可承受之重，使得她無法正常

健康的養育我。而我，出生就不被祝福、不被期待的生命之初，也彷彿成了我既定的生命腳本，我就是個不應該存在的個體、我的存在從一開始就是個錯誤、我是不被愛的存在……於是在自我接納的這條路上，我花了好長好長好長的時間。99

## 最初有愛的依附記憶，
## 一輩子的追尋渴望

我對自己最早的記憶差不多是在 5 歲的時候。印象中我第一個認識的人、第一個認得的住家，是奶媽家。對當時的我來說，那就是「我家」，但過了很久以後，我才知道那不是我真正的家。

明明毫無血緣關係，卻是很深刻很深刻的一段記憶，也是我人生中少數感受到被疼愛的幸福時光。

記憶中的奶媽，大約 50、60 歲，她經常說她沒有讀什麼書，所以養育我的過程經常有些很奇特的行為，例如我從小身體就非常不健康，經常在生病，記憶以來天天都要吃藥，奶媽都會用一個個的棕色玻璃酒瓶，裝著我的感冒糖漿混合著要入喉的藥粉，每次吃藥時倒出她的混合特調幾 c.c. 這樣，特別聰明又輕鬆吃藥的方法？（笑）還有因為我天天流鼻血，奶媽都會在我背後

放一塊布，一方面可以吸汗、一方面鼻血突然噴出時可以馬上抽出背後那塊布來接應，很環保還可以重複利用呢！（又笑）現在想起來都覺得奶媽真的好可愛⋯⋯即便那時候我身體很差，但是有人關心、有人在乎。

我最喜歡躺在她的肩膀上睡覺，記憶中那溫暖的依偎著、被小心翼翼的抱著，都讓我覺得好舒服好幸福，有時候明明醒了卻假裝還在睡，只想繼續任性地被抱著，想起來那感受都還是好深刻，彷彿還能感受到那體溫⋯⋯

還記得家裡有一台黑色的老舊收音機，奶媽會用它來放兒歌，邊放邊教我怎麼唱；奶媽還會和丈夫一起帶我到青年公園踩榕樹根，她總說：「褪赤跤，踩樹仔，這樣會比較健康。」那些片段的記憶好單純、好美好，對我的成長經歷來說，好珍貴、好難得、好溫暖。到現在，看到這些類似的物件，我還是會想起奶媽，想起那短暫但幸福的時光，那是我最單純快樂的時候。

然而，好景不常，這樣的幸福快樂很快就消失了。突然有一天，我帶著奶媽給我的兩個娃娃，被送到另一個家。當時的我充滿錯愕和排斥，這是哪？這些人是誰？我為什麼要來這裡？我可以回家嗎？我就像是剛要入學時的孩子一樣，對陌生環境和事物第一時間會本能產生排斥的反應。後來我才被告知，原來我和後來這個家的人「才是一家人」，他們才是我真正的家人，我真的很沒辦法接受。原來，「奶媽」不是我媽媽，而我真正的「家人」是這麼的陌生。

當時家人和奶媽都告訴我，因為奶媽的女兒嫁到美國，所以奶媽一家要移民到美國去，沒辦法繼續養我了。但長大以後，在找尋奶媽的過程中，某次聽到另一個親戚說，當時是因為付不出保母費才把我送回去外婆家，也就是我所謂的原生家庭。我 5 歲被送回原生家庭，7 歲之前都還有看過奶媽，但後來就再也沒見過了。至今我都不知道到底是因為什麼？我們到底是什麼原因分開的？真實的去向到底是什麼？已完全無法考證，這讓我非常的痛苦……

> 最初那個被愛的記憶，不管是不是真的「家」，都會成為一輩子的渴望和追尋，即便長大了都還是會一直想起。小時候的依附感是很強的，尤其當小朋友還認不清這世界，不知道什麼才是家人。一旦記得了，就會在心裡一直記得是她。

## 經歷爆血到吐血，
## 最後一次看見奶媽

我最後一次看到奶媽是，某一次差點死掉的經歷。在那次之後，我再也沒看過她。

我記得好清楚，那時候我 7 歲，也就是國小二年級，當時我鼻血流不停，我眼睜睜看著血一直滴而不理會，從嘴巴、到脖子、到衣服上，還滴到我制服

上的名牌（小朋友別在衣服上有學號、繡名字的那種名牌），鼻血都直接淋了上去。

印象中當時和家裡的其他孩子們有了爭執，我氣得將自己關在房間裡。後來開始流鼻血，但我當下覺得見怪不怪了，就沒有特別處理。流著流著，突然之間我好想吐，就開始吐血！我嚇到了，雖然流過這麼多鼻血，但沒有吐過血啊……

也許是小時候電視看多了，覺得吐血是不是就代表要死掉了。那時候家裡沒大人，只有兩個表妹和我姊姊，我走出房門去問她們怎麼辦？她們也嚇到了！拿了一堆衛生紙給我，結果一整包衛生紙都用完了，還是擦不完。她們手足無措……不知道怎麼辦，只好帶我去找最熟悉我的奶媽。

見到奶媽，奶媽一開始還很淡定地跟她們說：「找她背後，她背後有塊布。」奶媽也習慣了我總是流鼻血，一開始以為我只是流鼻血流很多，家裡沒大人所以小朋友們才會很慌張。她們一起幫我找布，可是找遍了也找不到那塊布。回想起來，當初我奶媽養我的時候都會放一塊布在我背後，隨時擦鼻血用，但後來我已經不是我奶媽養了，也就沒有人幫我放擦鼻血的布。

「可是她，不是只有流鼻血，她還吐血了！」孩子們慌張地說道。當時奶媽起初還以為是孩子們誇張了，結果說完沒多久，我在奶媽面前又吐血了，她

可能也沒看過我吐血，她嚇到了！趕緊抱起我要帶我去醫院。

我當時沒有戶口，沒有出生登記，沒有戶籍就沒有健保或就醫的相關資料，看醫生很麻煩。奶媽養我的時候已經五十多歲了，她那個時代所經歷的成長背景沒有讀過什麼書、不會寫字，也看不懂字，她不知道我這樣要怎麼帶我去看醫生。於是她把我抱到當時親戚開的自助餐店，當時員工在午休、大家在吃著午飯，店裡沒有什麼客人。印象中自助餐店裡面有我的舅媽、外婆，還有她們的員工和三五鄰居。

奶媽很緊張地跑過去跟她們說：「她好像快死掉了，流了好多血還吐血了，誰來幫幫忙，拜託拜託趕快帶她去醫院，我沒有讀書我實在看不懂字，我不知道該怎麼辦，拜託誰來幫幫忙……」但自助餐店裡的其他人，繼續吃著飯或收拾著餐盤，沒有人走過來，也沒有人上前幫忙。或許她們以為只是像平常一樣流鼻血，以為奶媽把事情看得太嚴重，她們始終沒什麼反應，沒有人和奶媽一起焦急，沒有人上前詢問，彷彿剛剛奶媽說的那句話不曾發生。

我不太記得她們當時講什麼，但我永遠記得當時那群人的眼神，就是很冷漠、不在乎，不在乎這個生命的感覺。有可能我自己也意識到快要昏過去了，意識到自己快不行了，還記得奶媽當時很生氣，可能覺得小孩子都已經這樣，她們怎麼還能置之不理。於是奶媽抱我去找平常對我相對好一點的外公，可是外公在打牌，奶媽只好再抱我去外公打牌的地方。

去找外公的路上，是我第一次看到她在哭，卻也是最後一次看見她了。

記憶中的奶媽總是笑笑的、很慈祥，從沒罵過我，更沒有看過她哭。我當下想說她怎麼哭了？只記得她一直叫我：「不要睡啊！」她說：「奶媽想辦法、奶媽想辦法，不要睡……」可能真的失血過多，我還是昏過去了……

　　小時候最接近死亡的一次，在意識模糊又極致無助的狀態下，只有奶媽為我焦急，我現在腦中還有當時的畫面，其他人的眼神就是「不在乎」……

我醒來以後才知道，奶媽把我送到外公那裡，然後外公帶我去醫院緊急治療後有好轉。聽說我會吐血是因為前期流鼻血時處理不當，可能以前大人對流鼻血處理的觀念不是太好，經常叫我去倒立，但流鼻血時倒立反而會導致積血，後來才會突然大吐血。我在醫院醒來的時候，奶媽已經不在醫院，後來就再也沒有見到她了。我常常在想，如果當時我沒有睡著會不會不一樣。因為當時我真的不知道，那是我們最後一次見面。

## 不斷的尋找，
## 真的很希望可以再次見到奶媽

和奶媽分開後，當我不經意……聽到一個熟悉的聲音，看見一台熟悉的收音機，瞥見小孩在公園玩樹根……那些片刻的深刻回憶都會襲來，我一直一直很渴望能夠與奶媽再見。

國小時，我為了能多拿一些零用錢，在親戚開的自助餐店打工。午休時間，好幾次我上廁所上到一半，聽到外面有個人在講話，那個聲音跟奶媽聲線簡直一模一樣。她是不是回來看我了？每次都覺得「對！就是這個聲音、就是這個聲音、這次不會錯了！」便立刻欣喜若狂地衝了出去，但每次都不是。又不是、又不是、又不是……就這樣屢屢失望、重燃希望、再失望，循環無數次。即便那段時間很不快樂，但仍然一直相信奶媽有一天會回來。

可能有很多人透過媒體知道我至今還在找奶媽，當時我真的年紀太小了，長相也記不太清楚。我找奶媽找了很久，關於她的資訊我知道的太少，不管是一個名字、還是一張照片、名字，甚至連個綽號都不知道，一點蛛絲馬跡都沒有。三年前我去當時奶媽的住處找過，經歷無數次差點下跪的哀求和屢屢的閉門羹，還去找里長泡茶幫忙……歷經千辛萬苦找到當時的屋主。但屋主已年邁 89 歲了，當年相關的資料也都丟掉了。屋主一句：「這麼久的資料不會留啦！」我又是一次失望落空。

一次次的詢問，一次次的走訪，至今還是沒有任何消息，我真的好努力好努力了，好希望可以再次見到奶媽……

我也透過我姊去問我媽和當時家裡的其他人，即使是早已不想聯絡往來的親戚，我都為此想盡辦法去聯絡，但沒有任何一個人記得奶媽的名字。舅媽說以前扶養過我的保母有好多位，不知道我在說誰，且因為都不是遵循正規管道和程序，都是左右街坊鄰居或親友介紹，哪裡能幫忙養一下就直接送過去，所以都沒有簽訂契約等相關文件，也都不清楚這些保母的名字和來歷。

記得小時候偶然看見某綜藝節目，會幫明星找尋失散多年但很重要的人，最後都會找到，然後相擁而泣的 Happy Ending。於是當時幼小的我，就在心中埋下小小的種子——「我也要成為大明星，讓他們幫我找奶媽！」我也很幸運地有了相似的機會，其實這對我來說是最後的希望了，因為私下能用的各種方法我都試過了，最後都徒勞無功，我才會選擇在節目上說出。也非常感謝當時的製作單位認真幫我去找尋，也非常感謝至今因為節目或文章紛紛幫忙我的網友們。雖然至今仍然沒有新的進展，但是
我永遠不會放棄，我知道，這是我畢生的追尋。

那些年的隻字片語

> 回憶最可怕的是，即便畫面是糊的，很多細節也不記得了。但我們會清楚記得當時的體驗，彷彿深刻地烙印在細胞裡，很清晰。

## 我的家不是我的家

### 在被嫌棄的眼神中，或逃或躲的童年

回到所謂的原生家庭，

對我來說，

其實是一連串陌生與恐懼的開始。

從奶媽家回到我的原生家庭，以及輾轉在超過 7 個寄養家庭的期間，我幾乎沒有感受過安定與歸屬感，取而代之的多半是被嫌棄、被無視的感受。人最初被愛的記憶，會成為一生的依附；早期童年經歷的愛與歸屬感，會成為一個人自尊與自信的本能反應。

小時候大人們都說我很怪，除了不太講話、不太有情緒表露、很愛躲起來，最怪的應該是一次 5 歲多那一年「疑似自殺」的行為。

當時我家在二樓，老舊公寓的窗戶會往外延伸一點點，有鐵欄杆。我打開窗戶，爬出去躲在窗戶外鐵欄杆往旁邊延伸一點點的那個小空間，想說躲在那裡，家裡的人開窗戶應該看不太到，就算不慎掉下去了也應該不會死，這樣我就可以順利逃出去了。

印象中當時有被判定為想自殺的徵兆，因此後來還有了新聞，但我現在回想起來，當時應該是想辦法要逃出去。畢竟我小時候不太吃飯，有點厭食症的感覺，大家都說我很瘦，我就以為自己可以穿過鐵欄杆出去，可以穿過去、可以爬，就算從二樓跳下去，應該也不會死吧！

我以為那是一條路，一條我可以不被大人發現的路。

## 5 歲半夜離家出走，
## 只為了回到奶媽身邊

也許是陌生帶來的恐懼，以及想找回最初依附的那份渴望。才 5 歲的我，好幾次半夜還會離家出走，我會趁家裡人都睡著時，偷偷出門走去奶媽家。印象中奶媽家是整條巷子唯一一扇紅色的門，所以當時年幼的我便知道要按哪一家電鈴。

對 5 歲的我而言，真的太想回到奶媽那裡，不想待在這個感覺陌生又恐怖的「家」。對我來説，這裡的人不熟悉也不認識，沒有受到很好的對待。當時我感受到小朋友不歡迎我，大人也有一點嫌棄的眼光，我一分一秒都不想待著。

中間離家出走去找奶媽很多次，但每次都被送回來。半夜去奶媽家按門鈴，吵著要睡她旁邊，我都會拜託她不要把我送回「家」去。我屢屢問奶媽：「我可不可以跟妳睡？我不想要待在那裡，我偷偷跑來的，不要告訴他們，不要把我送回去好不好？」可是好幾次早上醒來，怎麼又不在奶媽旁邊了？好多次我跟奶媽約定，拜託不要把我送回去。「我可不可以明天早上還在這裡？」奶媽都會答應：「好好好，會留在奶媽這裡呀～明天睡醒帶妳去公園玩。」但早上睡醒我還是被送回去了，一次、兩次、三次……每次都這樣……我真的好難過，為什麼奶媽要一直騙我？為什麼我不能留在我想待的地方？他們又不喜歡我，為什麼偏要一直送我回那裡？

長大後我才能夠理解，她可能也嚇到了，想説怎麼偷跑來，必須把小孩送回去，畢竟不是自己的小孩。可是對當時的我來説，這就像一場惡夢，反覆上演，每次我想起來，還是覺得好難過。我都會覺得，奶媽明明是我很愛的人，也是愛我的人，為什麼卻一直騙我？

或許奶媽必須這樣子哄我，身為小孩的我才會睡覺。但這個「哄」確實可能

讓我長大後，不太敢信任別人對我說類似承諾的話。「我會一直在妳身邊，我會照顧妳……」我好抗拒聽到那些話，因為我會覺得連我這麼愛的人，對我這麼好的人，都會騙我……的確，這世界上本就沒有會永遠陪伴你的人，不管是生離或是死別，但就是這種甜言蜜語聽在我耳裡，都會直接勾起我心碎的回憶。

這也讓我告訴自己，如果以後我有了小孩，一定要盡量提醒自己，避免說出這些看似善意的謊言，因為我們不知道孩子會記得什麼。也許這句話，是無心的，或是只是為了緩解當時的某一個情境。但是孩子偏偏會記得，都可能成為日後的一種傷痛。

## 該怎麼適應，
## 這一切的劇變

最一開始從奶媽家換到「這才是一家人」的原生家庭，真的感覺非常陌生，突然被迫要和一群不認識的人住在一起、天天相處在一起，對於當時五歲的我來說很是恐懼和抗拒，不知是不是因為適應不良，還是我本來就是這樣？聽大人們形容，我幾乎完全不會講話，他們甚至一度以為我是啞巴。我也不大會有情緒反應，還伴隨一些異於一般孩子的怪異行徑，所以在當時被判定極大可能患有自閉症。也是從那時開始，我總是被「Ａ告～Ａ告（啞巴的台

語）」、「怪胎」的叫著。

其實，原生家庭裡面也沒有本應該最親近的父母親，只有外公、外婆，還有大小舅舅各自的妻小，算是個三代同堂的大家庭，只要外面沒有人要養我時，我就會被送回來這裡。

我記得剛到家的時候，家裡有三個小孩，一個是我親姊姊、兩個我表妹，後來過一陣子又來了一個表姊（媽媽的妹妹的女兒）。一開始，我會感受到其他姊姊妹妹們散發出「不要來我的地盤、搶我玩具」的氛圍，剛開始無可避免的稍微被欺負，打打鬧鬧時他們總是一國，我總是孤立無援，他們會搶走奶媽給我的娃娃把玩，那樣我會比平時更有反應，因為那是我當時最珍貴的東西，雖然後來還是被大人丟掉了。過了好久以後我才知道，當時這個帶頭欺負我的，是我親姊姊，原來我還有個姊姊。

小時候的我身體非常差，經常發燒、嘔吐、吃藥，有記憶以來幾乎天天都在吃藥。每當我身體不舒服了，和家裡的大人說，卻沒有人在乎，甚至不被相信，沒有大人要帶我去看醫生。也許是因為家裡大人總是很忙，或是帶我看醫生很麻煩，而且我沒有健保只能自費。所以我常在極度不舒服的情況下，自己想辦法走去看醫生，當時最近的診所走路也要 15 分鐘，有幾次走一走還會難受地蹲在路邊哭，甚至難受到有幾步是用爬的。常常到了診所，一量體溫已經高燒到四十幾度，都可以直接插隊，給醫生和護士搶先診治。好幾

次我都是躺在診所僅有的一張病床上打著點滴，再由護士打電話到家裡，請
大人來接我回家。

我也因此跟診所的醫生很熟，後來上下學期間，他騎車經過我身旁都會問候
我。也因為太常生病吃藥的關係，我總是適應不了藥粉的苦澀，吃藥吃太久
會被修理、吃藥後吐了也會被修理，所以吃藥一直是我當時的惡夢。因為我
生病經常會嘔吐的關係，我通常只能睡在房間的地上，有一次睡著了還是一
直嘔吐，我就會被放到家裡的玄關，這樣大人就不用一直洗髒棉被了。還記
得當時醒來很錯愕「好冷好冷喔，我怎麼會睡在這裡？」全身上下還都是自
己的嘔吐物。

雖然現在回想起來可以理解，畢竟從小都沒有住在一起，對其他姊姊妹妹來
說應該也感覺很陌生，沒有原本手足的親密關係，加上孩子天生就不喜歡自
己的地盤或東西被侵略的感覺，需要時間相處，過一陣子才能慢慢變好一
些。對其他大人來說，也很可能覺得我這個小孩很累贅，畢竟不是自己親生
的或是從小扶養長大的，是半路被送回來的，性格怪異之外還體弱多病很難
照料。但對當時還很小的我來說，真的會被這些不被接納的感受淹沒。

或許是平常在家裡幾乎不曾感受到被關愛，甚至還會被嫌麻煩、被擱置、不
被在乎。所以對我來說，到醫院、診所和學校保健室才有被在乎的感覺，醫
生和護士阿姨彷彿天使般的存在，也似乎只有他們才會在乎我的感受和生

命。小時候有一陣子甚至有點喜歡生病，甚至變態得希望越嚴重越好、高燒都不要退最好，這樣我就可以在這裡待久一點了，生病雖然很難受，但至少會有醫生、護士來關心我，這是我最被在乎和關愛的時候了。

長大後每每看到醫護人員，我都覺得他們身上都帶著天使光環，和他們對話我總會默默想哭，他們可能不知道習以為常的例行公事，不僅治癒了一副副不健全的身軀，很多時候，甚至會療癒了一顆顆孤獨又受創的心靈。

### 異食癖⋯⋯
### 練就了躲藏與吃怪東西的特異技能

我在所謂的原生家庭裡，大部分的時間都是躲起來的，躲在衣櫃裡、躲在棉被裡、躲在桌子底下⋯⋯我常常會躲起來。那個時候，我不太喜歡被看到，我總覺得每次他們看到我，都有種嫌棄的眼神。這躲藏的需求似乎深植在我潛意識裡頭，長大後好幾次在挑選家具時，我竟然會下意識思考：「這衣櫃夠不夠睡一個人？」、「這桌子底下好躲人嗎？」

聽我媽媽說，她不接受我這個小孩，很大一部分源自於她的母親對男孩有著更大的期待，也就是這個家的大家長──我外婆，蠻排斥我的。而外婆又是家裡很重要的長輩，自然而然，我就感受到整個家不歡迎我的氛圍，我大部

分時間都想躲起來，不喜歡和其他家人一起待著，在一個餐桌上吃飯對我來說都很彆扭。

家人沒有不給我東西吃，但我那時候就是逃避和其他人一起吃飯，因為一起吃飯我就會感受到嫌棄的眼光，加上我吃飯非常慢，會一直被罵甚至被打，總是覺得我是不是不應該在這裡？我是不是又做錯什麼事了？每當我硬是快速吃下又會反胃嘔吐，吐了就更被嫌棄和打罵。久而久之，我躲起來找東西吃的時間就越長。

另一方面，可能是我在家的存在感太低了，大人們大多白天也要工作，沒有太多時間可以顧到我，因此我躲起來之餘，還多了很多奇怪的技能。例如：我會在衣櫃裡吃喝睡，彷彿那是我的小房間一樣。我也經常從客廳偷各式各樣的紙回衣櫃吃，我還會把錢幣和電池當糖果含在嘴巴裡（電池的正極鹹鹹的）我也很愛在地上抓灰塵、泥土、頭髮、碎屑……抓起來就吃，也會吃筆芯、吞食從柏油路上搜集的 BB 彈，還會吞彈珠汽水裡頭的彈珠……

這些「特異技能」對當時的我來說，只不過是生存本能下的日常。甚至，小時候還覺得自己可以吃這些東西很厲害，還會驕傲地表演吞彈珠給同學看。長大後才偶然知道，原來會吃很多不合理、沒有營養、不是食物的東西，似乎是「異食癖」，可能長期處在缺乏關愛的狀態下，養成以吞食異物來轉移心理不適的壓力。

我不記得當時我有沒有把這些東西排出來，但我記得小時候很常嘔吐，也可能是這原因，導致我大部分時間都在生病。長大後在很多影集或電影中，尤其恐怖片或犯罪紀錄片的題材，都會看到跟我小時候很像的小朋友，發現我真的是很不討喜的那種小孩。聽大人形容，我都不講話、看到人也不會叫、也不大有情緒反應、不太吃飯、經常鬼鬼祟祟躲起來……用一雙大大的眼睛看來看去，不知道在觀察什麼似的，對大人來說就是很怪異又陰森的小孩。

或許是覺得這不是自己的孩子，為什麼要養？加上我怪異的性格，可能也讓大人更嫌棄、覺得煩，沒有辦法自發性投入愛。畢竟我不是他們的小孩，他們沒有辦法、更沒有義務要無條件的包容我和愛我。

## 異食癖（Pica）

異食癖，又稱異食症、亂食症，主要表現於持續性地攝取非營養的物質，如泥土、肥皂或冰等。異食癖的病因尚不清楚，可能的解釋包括礦物質缺乏症和精神異常等。異食癖在女性和兒童中更常見，特別是懷孕婦女、幼童及有發展障礙的人群，如「自閉症患者」。現在的醫學觀點更傾向認為異食癖和心理因素有關。被父母忽視的孩子因為無人照顧，一開始只是將異物放入口中，時間久了便成為習慣。如果家庭環境不良，孩子的心理壓力會增大，日漸養成以吞食異物擺脫心理不適的習慣。

## 外婆的口頭禪，
## 成了一輩子撕不掉的標籤

當孩子剛來到這個世界上，對這世界認知是很短淺、微小的，那時親近的人說的話，孩子會全然相信，不會有一絲質疑，甚至會深深扎根在潛意識裡，影響一生。所以這時候大人的告誡也特別重要，孩子幾乎都能記得一輩子，就像現在經常會聽到人們的言談中 ，吐露「從小我的爸媽或爺爺奶奶就告訴我『絕對不能怎樣怎樣』、『做人應該要如何如何』」建立起基本的世界觀與認知。

在這個一生中極其重要的扎根時期，我沒有從家裡受到太多敦敦教誨，反倒大多是阻礙我的人格發展與自我認同的負面標籤，影響了我一生。或許大人覺得只是隨口說說沒什麼，但那些言語是會跟著孩子一輩子。那些年外婆的口頭禪，讓我總是懷疑自己是不是真的很醜？會不會真的是怪胎？

小時候的我總是不太講話，也不太吃飯，有點過瘦。外婆總是一直說我是「很醜」的、「Ａ告（啞巴的台語）」、「怪胎」、「沒路用的」、「沒人要的囝仔」……各式各樣的醜陋標籤，就像玩笑的口頭禪，外婆每見我一次就講一次，而我便不停被灌輸「我就是很醜、很怪、沒人要的小孩」的認知。

還記得外婆也常常說我腳趾很醜，因此我從小就不太敢穿拖鞋和涼鞋，甚至

延續到長大以後好幾年，工作初期有些不得不穿涼鞋的場合，我也會一直遮遮掩掩，很害怕露出「很醜」的腳趾。事隔多年，有次美甲師在 IG 上發出我的腳趾照，才發現原來大部分人說我的腳趾是好看的，我的趾型甚至有「希臘腳」的美譽。「腳趾」只是一個縮影，我從小被灌輸很醜的認知，所以小時候我也覺得自己很醜。直到學校裡有一些人說我是好看的，求學期間也一直有滿多異性追求，甚至出現「班花」、「校花」之類的稱號，我對自己很醜的認知才開始稍微鬆動。

可是也僅是對「醜」的鬆動，無法立刻就覺得自己是漂亮的，而是經歷了一段自我懷疑，一下子在學校被說漂亮、一下子到家又一直被說醜；在學校擔任很多職位，回到家又被說沒路用；在學校頗受歡迎，但回到家又被嫌棄說沒人要……所以我到底是怎樣的人？這樣的自我懷疑、不自信，伴隨我人生很長一段時間，甚至踏入演藝圈這行的初期，我都看不見自己的「價值」在哪裡，一直找不到自己值得存在的理由。

曾經，我以為小時候外婆的口頭禪對我沒有很大影響，應該就像玩笑話一般。直到去上了心靈課程才知道，這些「灌輸」根深蒂固地在我對自己的生命註解中，影響了我這一生。哪怕我心靈狀態調適再好，有時就是控制不了這些聲音如魔音傳腦般，在意識裡迴響，讓我掉進自卑與自我懷疑的黑洞裡。

> 當年我對於世界、對於自己的認知還是一張白紙，被貼上了滿滿醜陋的標籤，我就這麼信了。隔了好多年，即使有人幫我貼上了一些讚美、漂亮的標籤，那些在基底的醜陋標籤，還是永遠沒有辦法完全撕除。

## 遭受不平等待遇久了，
## 我一度失去辯解的能力

因為媽媽長年在日本工作，所以小時候久久才能見到媽媽一次，而相處也很短暫，通常只有幾天，那幾天我總是特別珍惜。但也是在這些為數不多的相處時光中，那些遭受不公平待遇的委屈也逐漸開始萌芽。

記得媽媽回來台灣時，家裡會空一個房間給媽媽和我們姊妹同住，而當時大多時候是媽媽和姊姊一起睡在床上，我獨自一人睡在地上。還記得有一次醒來，媽媽和姊姊不見了，找遍家裡的角落都找不著她們的身影，她們回來後我才知道，媽媽帶姊姊出去逛街，買了很多新衣服。我困惑地問：「為什麼沒有帶我去？」
「因為妳還在睡阿～」媽媽説。
「那可以叫我起床呀，」我委屈的説：「或是也可以幫我買呀！」
「反正妳會自己存錢，可以自己買，姊姊又不會（存錢）。」

媽媽理直氣壯地回覆。

當時我不疑有他，摸摸鼻子認了，還覺得母親説得有道理。長大後回想起，明明同樣都是媽媽的孩子，為什麼有這麼不一樣的待遇？難道比較懂事就應該多吃一些虧嗎？我後來長大後在和其他媽媽聊天中才發現，站在媽媽的角度，可能很容易不自覺對待不同孩子有不一樣的標準，我聽到很多媽媽把女兒孝敬自己的錢拿去給兒子花，只因為「他沒有錢，而妳會存錢」她們沒有刻意要偏袒，只是下意識的反應或是愛意的表露，卻無形中給另外一個孩子帶來傷害……太相似的故事，太強的既視感。我相信許多媽媽説這句話的時候都沒有惡意，但身為委屈那一方的兒女，聽到這種話真的會很受傷……難道我成了賺錢的工具人？難道我是應該的？

還有一次，我努力存的零用錢和打零工賺來的小錢，累積了三千多元的撲滿上鎖，放在我書桌底下的角落，結果被當時好賭缺錢的小舅舅偷走了。等我發現以後，小舅舅理所當然地説，他平常請我幫忙跑腿時，也有給我一些剩下的零錢，或請我吃一些零食，或是帶我去釣蝦，這樣可以當作抵消了。

雖然我當時很心痛，用盡全力好不容易存到的三千多元，還沒等到媽媽回來給她，錢就這樣不翼而飛了；雖然我當時覺得很委屈，因為釣蝦對於當時還是個小孩的我來説，只能幫忙串餌其實很無聊……但那時候的我，也就這樣默默被説服了。

因為自己的財產被掏空了，我很想在媽媽短暫回來台灣的十幾天當中，盡可能地給媽媽多一點錢，看媽媽能不能開心一點、多愛我一點，某天我看見衛生紙盒裡頭剛好有 3,000 元，於是我就偷走了拿給媽媽。結果當然一下就被識破是偷來的，因為表哥借住家裡期間，剛好不見了 3,000 元，家裡人都正在幫忙找，想當然耳我當然是被狠狠修理了一番，才在房間被舅舅毒打一頓，一出房門又被媽媽一巴掌打飛。那之後我就知道真的不能偷錢，再也不敢了。這是我小時候做過的唯一一件壞事。

做錯事是肯定被打得咪咪冒冒，我也有好多次莫名其妙被打的經歷。例如：姊姊沒有練習ㄅㄆㄇ，她的一句：「因為妹妹沒有提醒我。」我就被打了；她考試不及格，說：「妹妹沒有幫我複習。」我就被打了……好多次我都搞不清楚我犯了什麼錯，就莫名其妙被修理了。印象最深刻的是，有次家裡自助餐店在清點收入時，大人發現少了 1,000 元，問了半天沒有人承認自己偷拿了錢。舅舅叫來家裡所有的小孩，要求我們排排站好，輪流審問。

走到第一位其他小孩面前：

「是你嗎？」

「不是。」

走到第二位其他小孩面前：

「是你嗎？」

「不是。」

走到第三位其他小孩面前：

「是你嗎？」

「不是。」

走到我面前：

「是妳嗎？」

「不是。」

「就是妳偷的！」舅舅指著我的鼻子，用兇狠的眼神瞪著我說。

我永遠不會忘記那個畫面，舅舅每個小孩都問一次，每個小孩都說不是自己，就只有問我的時候，舅舅臉離我超近，指著我的鼻子說：「就是妳偷的！」那篤定的眼神，篤定到我都懷疑自己是夢遊還是失憶了嗎？可是我真的沒有啊……不只被認定是兇手，還被爆打一番……打到我承認為止。

我到底是多麼不值得被信任的小孩？對當時的我來說，真的很受傷，好像別人的小孩就不是小孩，千錯萬錯都是外面小孩的錯。而當時這巨大的委屈，跟了我好久好久，經常自我懷疑，我真的在他人眼中，就是一個這麼壞的小孩嗎？

## 再痛苦也不要放棄自己，
## 總有一天回報會來到的

這件事直到前兩年有了新的進展！那時為了找奶媽，我和表妹重新開始聯絡上，因緣際會之下，也帶了表妹一起去上心靈課程，表妹在課堂中的某個瞬間忽然想起當初這件事。其實當時是她偷的，而且還有很多類似的事件都是她做的，但她都不敢承認，大人也都很自然地怪罪到我身上，她總是眼睜睜看著我被打，這些年來，也聽了很多她父母對我這個孩子的批判，卻不敢多說什麼。

表妹回憶起這段，還立刻衝去教室外面吐，直呼感覺自己「很噁心」，但也和我好好道歉了。從來沒想過吞了快二十年的種種罪名和委屈，有一天能得到真正的道歉，讓我能和過去那個委屈的自己和解，我覺得很欣慰。

也是從小時候開始，我就一次又一次發現，我得接受很多不公平發生在我身上，又或是即便不是我的錯，但我說了還是不被採信，仍然被狠狠修理。這讓我埋下很深的陰影，也開始變得不喜歡辯解。如果你已經認定是這樣，我再怎麼講，你也還是不會相信。我寧可沒說明過而讓你產生誤解，也不願是我已經全力以赴地辯解，甚至還敢用生命發誓，卻還是不被相信，甚至還被打，這樣我更受傷。

> 當成為受害者久了，一直沒有被公平地對待，有好一陣子，
> 我失去了為自己辯解的能力，任憑一切不幸的發生。

寫書的過程剛好經歷近期沸沸揚揚的社會案件「台中市某公立高中生疑在校園內遭師長霸凌，今年2月輕生死亡」死者被主任教官誣賴偷了同學500元，甚至逼迫他直接認罪，否則就要將他送上少年法庭。看著新聞的最後，男孩受不了校方的汙衊與強壓的欲加之罪，在校園裡撒白包，今年2月在家裡輕生了。

看到這則新聞我有很深的感慨，因為自己也曾經歷過相似的情況，知道那種感受，一定非常委屈與絕望。但我很想告訴如果經歷類似事情的你，千萬千萬不要因為他人的愚昧與莫須有的罪名放棄自己，我知道這過程很痛苦很難受，但你真的不知道這個清白，什麼時候會還給你，我的故事是很好的例子！更重要的是，你清楚知道自己沒有，就更應該要好好活著證明給他們看。唯有自己留下，你才能繼續寫自己的人生故事，人走了之後，剩下的都是他人的臆測與譜寫，你把你的人生故事交給了留下來的惡人。而他們也未必會因為你的離開而相信你、或受到該有的懲戒……

> 所以更應該好好活著，靠自己的力量扭轉一切，我知道很困
> 難，但一定要相信，終將有否極泰來的一天。

# 流浪在寄養家庭之間

## 寄養家庭大遷徙和被賣掉的那一次

到底哪裡才是我的家？

誰才是我真正的家人？

我很困惑，我到底是誰？

我來自哪裡？

我又屬於哪裡？

小時候我其實沒有一個真正安穩的家，大概 5 歲從奶媽家回到所謂的原生家庭，就開始了不斷換寄養家庭的生活，一路到 13 歲，我都經歷著反覆換來換去，回來又被送走⋯⋯去這裡生活一下又回來，去那裡生活一下子又回來的生活。

這真的是會上社會新聞那種，可謂我成長過程中最黑暗的一段。這是我所經歷眾多寄養家庭當中最不堪的一個。寄養家庭的女主人是媽媽這裡的遠房親

戚之一，而男主人則是在外備受敬重的角色，似乎非常有愛心且受人尊敬，但他回到家，脫下身上的披風，卻是完全不一樣的面貌。

## 最黑暗的寄養家庭，
## 在外備受敬重的師父卻是我最大的夢魘

這個家坐落在偏遠的深山裡，山上好像自成一個小群體，裡頭的人都有種詭譎的氛圍，居民們打招呼的方式，很像電影《咒》裡面的手勢，但我不確定是什麼宗教。他們對這個家的男主人都畢恭畢敬的，還自己養了一些動物，例如：雞、狗、羊之類的，看上去像是與世隔絕的一個村落。（像極了電影《咒》裡頭的山上場景）

可能因為宗教關係，男主人晚上經常會進行某種儀式，我會被五花大綁在桌子上，很像在獻祭。我太小了實在不了解那是什麼宗教，但記得我總是被綁在那裡，他們一直朝我身上撒一些東西，周圍煙霧瀰漫、還有個鈴一直甩，身旁的人口中都唸唸有詞的，不停對著我唸很多咒語。他也很常掐我脖子，把我掐起來，掐到我雙腳離地，掐到我不能講話，他似乎喜歡看到別人快窒息的樣子。很像電影會演的恐怖殺人犯，只差沒把人殺了，但所有可怕的事情都做盡。他似乎就是喜歡看我掙扎，滿臉通紅、無法說話、快要窒息的樣子，然後問我要不要叫他？「我是誰？要不要叫人啊？」我常常一直這樣被

他逼迫，都快無法呼吸了，還硬要想盡辦法擠出聲音來，他才會放我下來。

平常他都會叫我要負責他們一家的伙食，煮給他們吃，但我都不能吃。長大後看電影得知，某些宗教儀式要獻祭的活體，幾天內是不能進食的，要保持淨身，極有可能是因為這樣才不讓我進食。但有時候實在是太餓了，我都會等到隔天的白天，他要我收拾前一晚廚餘時，才能偷偷吃一點隔夜的剩飯。那時候除了食物冷掉，還有些已經蒼蠅滿天飛，甚至有點臭酸。不過對我來說，有得吃已經很好了。

那段期間除了收拾廚餘時勉強偷吃到一點東西，我幾乎都沒有正常的三餐可以吃。他們平常吃水煮蛋時會給我吃蛋殼，所以我小時候一直以為蛋殼是可以吃的！直到後來上學，午餐跟隔壁同學借蛋殼來吃，同學超驚訝說：「這個不能吃！這個不是給人吃的！」我才知道，原來蛋殼不能吃。

那段期間，我都一直以為，人可以選擇吃蛋，或選擇吃蛋殼。

聽表妹轉述，後來有一天，她爸爸臨時起意想來這個寄養家庭表達感謝，謝謝這家人願意扶養我。突如其來的拜訪，才赫然發現我怎麼衣衫不整的被關在外面的狗籠，當時我才被接回外婆家。根據親友描述，當時回到家中的我，完全瘦得不成人形，且全身上下都是被凌虐的傷痕。還記得當時外婆幫我洗澡，洗一洗她竟然落淚了。印象中的外婆平時是這麼討厭我，但她卻哭了。

或許是她也覺得，怎麼可以有人把小孩子弄成這樣⋯⋯

因為這段經歷，讓我後來到育幼院服務的時候，都很想親自看看那些孩子的寄養家庭，尤其一定要突然拜訪！因為事先約好時間，或寄養家庭送審填寫的資料，真的都可以做做樣子，把一切弄得很完美，但真的不知道對方回到家關上門後，會不會是另外一個樣子。

深刻經歷過，所以我知道，有些家庭看似正常，也不能認為就是完全沒問題，且我們這種不是太健全環境下成長的孩子，大多不太會表達。後來我都會跟服務單位的社工阿姨提醒著，要仔細觀察小孩身上有沒有奇怪的傷，或是有沒有奇怪的反應或舉動，這些小小的徵兆，都可能是很重要的訊息。

## 被賣掉的那一次，
## 快樂但短暫的小公主生活

我從最黑暗的家庭回到原生家庭後，過了一陣子就被賣掉了。被賣去附近的一間海產店，他們是很有愛的一家人，和這家人的相處是我少數快樂的時光，但是大概只維持兩個禮拜。

他們算是小康家庭，對我非常好。聽聞是因為他們很想要有個女兒，但是女

主人生了 3 個兒子都生不出女兒，大概也看得出我在這個家裡很不受重視，可能經常看到我獨自一人在外遊蕩，於是就談好了「過戶」到他們家，做他們的女兒。當時街訪鄰居都說我被賣掉了，但後來母親說：「那是領養，不是賣，只是對方有意思意思，包個紅包這樣。」據說母親當時身上有 30 萬的賭債，我就被用 30 萬的價格，過戶到海產店家裡了。

和海產店一家生活滿快樂的，大人可能是因為終於有個女兒了，把我當小公主一樣對待，真的很疼我。家裡都是哥哥，哥哥們把我這個最小的妹妹捧在手心，玩具都會讓給我玩。我人生第一次看到這麼多玩具，坐在軟墊巧拼上面，滿滿都是各式各樣的玩具，我真的覺得這是天堂吧！好好玩！也每天被溫柔的教育著，要叫這個人「爸爸」、這是「媽媽」、這是「哥哥」，他們唸一次我複誦一次，叫得好還會被摸摸頭喊：「乖～好乖～」

雖然那些玩具大部分都是些賽車、戰鬥陀螺之類的男孩玩具，但跟著哥哥們一起玩很開心，常常跟他們比賽車玩了一下午。這家人對我非常好，我難得可以這樣一直吃好睡好，備受疼愛和關注，過得非常開心。但是，不久後，好像因為那時我們社區人口密集，我從這個家的小孩，突然變成另一家的孩子，免不了落人口舌。據說街坊鄰居陸續傳出一些，說我原生家庭「賣小孩」之類不好聽的言論。聽說是家裡人承受不住輿論壓力，所以突然又說不賣了。我只在海產店一家待了差不多 2 週，就被送回外婆家了，我當時就想怎麼又回來了？還被下令不准再隨便亂叫別人「爸爸、媽媽」，當時天真的

我還想問：「那誰才是我的爸爸媽媽呢？」

## 我的童年，
## 一直缺乏歸屬感

我記得的寄養家庭就有 7 個，可是其實更多，只是有些時間太短，現在沒有印象了。過了這麼久，可以記得的都是一些，比較驚悚、或是有特別深刻感受的。

在童年最單純，特別需要愛與歸屬，正在養成安全感、自尊與自信的時期，我一直都沒有歸屬感，甚至長期在自我懷疑及恐懼感下成長。外婆那些看似玩笑話的嘲諷：「好醜」、「啞巴」、「怪胎」、「沒人要的囡仔」、「沒路用的」……猶如刺青烙印在我腦海的標籤；加上總是一個環境待不久、一直被踢來踢去的寄養狀態；還有長期活在不管是被母親還是寄養家庭暴打的懼怕中……我經常處在自我懷疑的深淵。年幼的我在自我認知上產生極大的困惑，經常捫心自問：「我真的很醜嗎？我真的是怪胎嗎？真的都沒有人要我嗎？我真的完全沒有用處嗎？我的爸爸媽媽呢？我做錯什麼事情了？」

外婆家其他大人可能不會直接説不好聽的話，但仍感覺得出來自己不被喜歡。比如我躲起來的時候，經常偷聽到大人們在討論可以把我送去誰家，還

有誰可以幫忙養？所以，我從小便一直覺得「我是不被接納的個體」，長期活在被丟來丟去、眾人嫌的感覺裡。

或許是因為這樣子的背景，我人生在自我接納上面花了很長、很長、很長的時間。沒有歸屬感和認同感的原生家庭，又經歷了很多不同的寄養家庭，整個童年時期，除了最初依附的奶媽和後來的大姊、還有短暫被賣掉的時光，其他大多時候，家庭對我來說感受都不是太好，幾乎沒有什麼快樂的回憶。

即便回憶起來沒有太多被愛的快樂回憶，但我還是必須感謝外婆一家、其他保母、其他寄養家庭對我的養育之恩，可能因為不是自己孩子，很難投入一百分的愛，即便是親生都未必能給孩子健全的愛了。但他們還是讓我衣食溫飽、受基本教育、有遮風避雨的地方，在年幼時期給了基本該有的照顧，讓我至少四肢健全、頭腦健全的成長，這些都是值得感恩的地方，照顧我真的不是他們的義務，所以我還是十分感謝。

> 66 這幾年我也逐漸和失散多年的表妹們重新聯繫上，也建立了不錯的關係。深深了解到，其實上一代的支配真的與下一代無關，我不需要以偏概全而對他們避而遠之，雖然上一代對我還是很排斥，但我也感激表妹們願意相信我、和我重新建立關係，成為彼此人生中的支持。 99

Chapter 2

# 成長時期

那些重擊，
成為我這輩子難以跨越的陰影

## 驚險遭遇無處訴說

### 沒有能傾訴的人，也沒人教怎麼保護自己

幾乎是自己長大的我，

驚慌失措時不知跟誰說。

覺得自己髒掉、

看到熱狗都想逃時，

也沒有家人發現異狀。

小時候，從國小到國中，都是走路上學的。從家裡走到學校需要走至少 40 分鐘，雖然很遠，但我不像其他同學，可能會有家裡的大人載，或陪著走去學校，我多數時候都是自己或和姊姊一起走去學校。還在外婆家時，我和姊姊曾一起走去學校，走在小巷子時，突然看到車旁邊有一個人怪怪的，等我們靠近了，發現對方下身竟然是赤裸著的……

當時的我，其實也沒有很明確的概念「這就是暴露狂」，或是遇到這種人該

怎麼辦……我腦中一片空白，但是下意識知道「不能激怒對方」。於是我要跑也不是，不跑也很害怕，就這樣硬著頭皮、假裝若無其事地走出巷子。

我沒有被教過可以怎麼應對，也不知道怎麼和家人說，好一陣子我上下學途中都好害怕，但也不知道該怎麼辦，因為那巷子就是家裡到學校的必經之路，根本無可避免。後來過一陣子，因緣際會下才鼓起勇氣跟班導師說，而後老師偶爾會陪著我走回家，我至今都非常感謝當時的國小六年級班導師陳易琦。

## 放學途中遇見「右手」的邀約

16 歲，高中一年級，某天下課後，一個再平凡不過的傍晚，在回家去診所的途中，發生了意想不到的插曲，也成為伴隨我很久很久的陰影。

下了公車的我，正準備前往家裡附近的診所，灰灰的天空，天色漸暗的傍晚，我走過一條小巷子，迎面而來一位身高約 190 公分的男人，他很高，眼鏡很厚似乎近視很深，臉和頭髮都有點油油的，有一點體味，講話結結巴巴地跟我說：「妳－妳－可－以－幫－幫－我－－－個－忙－嗎？」

從小立志要當個好孩子、好學生的我，面對有人請我幫忙，我一直以來都是

義不容辭的！因為我一直深深記得學校教育我們，要成為「熱心助人」的人，甚至從小我就喜歡當班上的正義使者，看見被排擠、被欺負的同學，我都會上前制止，總想幫忙那些在人際關係中，相對「弱小」的存在；甚至，在路上遇到借錢的路人，我每次都會二話不說掏出錢包盡我所能地幫忙，有次還給了對方 900 元，自己只留下 100 元搭公車回家。也常在作文中寫到自己要做一個熱心助人的人，老師同學給我的評語，都一定會有「熱心助人」這一條。因為我始終相信，人都是善良的，進而相信這些求助的人都是真的需要幫忙，不是惡意的。

「妳－妳－可－以－幫－幫－我－－－個－忙－嗎？」他話音剛落。
「好啊！當然可以！」我不加思索地回答。
「妳－趕－趕－著－回－家－嗎？」他問。
「不會呀！」我說。
「家－家－裡－會－有－有－人－等－等－妳－回－回－家－嗎？」他問。
「不會，沒有人會等我回家。」我如實地回答，沒有人在乎我幾點回家。
「妳－妳－有－零－用－錢－錢－嗎？」他問。
「有啊！」我答。
「零－用－錢－夠－夠－用－嗎？」我心想，是要跟我借錢嗎？沒問題！手已經開始掏錢包。
「幫－幫－我－這－個－忙－的－話，我－可－可－以－給－妳－錢－」他唯唯諾諾地說。

「沒關係啦！不用給我錢，我什麼都不用，我現在就可以幫你呀！」我心想，天啊！他之前是怎麼被對待的？怎麼會覺得要用錢才能換取一點幫忙？

「那－妳－等－等－如－如－果－害－怕－的－的－話，可－以－尖－叫－」他說。我不禁想，他到底承受過多少害怕的異樣眼光？我應該沒那麼害怕他啦，就算我有點害怕，也會隱藏我的害怕，不會叫出來的！

「我－不－不－會－碰－碰－到－妳，我－只－需－需－要－妳－的－的－右－手－」他說。
「喔，好啊！」天真的我，當場伸出我的右手擺到他面前。
「不－不－是－在－這－裡，去－另－外－－－個－地－方－」他說。
「喔，好啊！」我說。

他看我答應了，便放下安全帽，帶我走到一個非常暗非常窄的公寓騎樓裡，似乎是他住的公寓一樓。他打開公寓的門，站在公寓門口信箱區的旁邊，叫我背對他，把右手往後伸給他。他要我背對他時，我不禁有點害怕，人對於未知難免還是會心生恐懼。我伸了一下，又縮回來，略為擔心地問他：「是要做什麼啊？」他安撫著我：「放－心－我－不－會－碰－到－妳，也－不－會－傷－害－妳」，於是我相信了，右手往後伸給他。

然……後……我就摸到……他的……生殖器了……

我當下慌張得不知所措，雖然這是我第一次接觸到男生的性器，但可以感受到那個觸感不是一般的皮膚……我太害怕了，我想跑但又不敢跑，好怕如果我表現出了害怕、想跑，他會不會生氣，會不會更強硬地對我做些更恐怖的事情，或甚至把我拽上樓……

情急之下，我只好急中生智，餘光看到他下身赤裸，我猜想他應該不能立刻跑出門外，我邊鞠躬道歉邊假裝說：「那邊有同學在等我（手指著他看不見的巷口處），我忘記我跟同學有約了，十分抱歉現在我不能幫你了，非常抱歉！」邊道歉邊鞠躬離開的我，內心害怕到不行，但又不能激怒他，我只好假裝冷靜地走，不敢跑，也不敢回頭，深怕他發現我慌張逃走而生氣。他那麼高大，我這麼小隻，他如果生氣要把我拽走一定很容易。

我邊走邊默默拿起手機，撥通通話紀錄裡第一個電話號碼，是當時的同班女同學。我還特地把手機拿低低的，猜想他從後面看過來，應該看不到我在用手機的位置，好險我當時有聽音樂的習慣，耳機還戴著，我小聲說：「拜託不要掛電話，先陪我講一下話。」直到我走進了診所，確認自己所處的環境應該安全了，我才跟電話另一端的同學說：
「我剛在巷子裡遇到一個男生，他說需要我的幫忙，只需要我的右手……」
「幹你娘！」我話都還沒說完，她髒話馬上噴出。
「我還沒講完耶，妳怎麼這麼生氣？」我困惑地說。
「幹！想也知道啊！妳怎麼那麼蠢啊～」

「我⋯⋯我⋯⋯」

「妳該不會？該不會有幫他吧？幹——」電話那端一陣飆罵來襲⋯⋯

過了一會，我才帶著顫抖又委屈的語氣和她說：「我很害怕，我真的不知道，妳不要再罵我了啦⋯⋯」她才緩過來問我：「那妳現在確認安全吼？」

講完電話，我在診所的廁所，把洗手台上一整罐洗手乳都洗完，整個洗手台都是泡沫，我還是覺得沒有洗乾淨，當下我覺得自己右手非常髒。回家後，我大概有三天都完全不用右手，我就舉著我的右手晾著，當時都單用左手寫作業、用左手打字、用滑鼠、吃飯、洗澡⋯⋯無論做什麼事情，我就是不用右手，甚至很想把我的右手切掉⋯⋯

那時的我，不敢跟其他人說，也沒有人可以說。而且他就住在我家附近，後來好幾次傍晚放學回家，我都還會看到他，我心底都有個聲音，告訴自己如果看到他我一定要揍他，但真的看到之後，我都嚇得拔腿狂奔。同個屋簷下的家人，沒有人察覺我的異狀，我當時每天都覺得自己被汙辱了，被汙染了，我好髒，怎麼辦，甚至會覺得自己這麼髒，還會有人要嗎？

> 現在的我，回頭看這件事，會知道自己是無辜的，不需要從此覺得自己很髒，但，當時的我，沒有人可以說，沒有人告訴我怎麼處理情緒，這些沒有被排解的感受，就一直放著⋯⋯跟著我長大，成了我多年來的陰影。

我小時候也曾因為熱心幫助被霸凌的同學，對方為了報答我，跟蹤了我長達四年，每天上下學會一直鬼鬼祟祟跟在我身後，不管我怎麼繞路、逃跑都還是甩不開他，請同學轉達請他不要再跟著我，他還是不聽勸，終於有一次受不了了對他說：「你能不能不要再跟著我了！我覺得很不舒服、很困擾！」他卻理直氣壯的回應我：「我只是想保護妳！」雖然知道對方可能是出於好意，但這樣的情況真的讓我覺得很困擾和害怕，我也不知道可以怎麼辦？我還可以和誰求助？我還能怎麼跟對方說，他才會停止這樣的行為？

## 無人可求助的過往，
## 轉化成為生命中的陰影

接下來好幾年，幾任男朋友其實也真的滿辛苦，除了陰部，我無法接受用手或其他肌膚去觸碰對方的下體。但我也說不清自己怎麼了，他們幾乎都很困惑，我怎麼會反感到這麼誇張？這有什麼如此不能接受？

有一部電影，我一輩子都記得，因為我一輩子都看不完。17 歲那年，我和男朋友去電影院看《龍紋身的女孩》（The Girl with the Dragon Tattoo），當時聽說描述的是有關孤兒的故事，我和男友與一般熱戀中約會的情侶一樣，抱著愉悅的心情進到電影院，我帶著食物走入戲院，期待在電影中看見背景和我有點相似的人如何闖出自己的人生，看著看著……我就吐了！大螢幕上

演主角替繼父口交的畫面，我當下直接吐在鹹酥雞裡，也只好和男友立刻離開電影院。當下我還不知道自己到底怎麼了，想說是看這種電影不能吃東西嗎？男友也很困惑，想說這電影就算有點陰沉，也不用反應這麼誇張吧？

後來有一任男友，假日偶爾會住彼此家，他在洗澡的時候，故意鬧著玩，用他的下體碰到我的手，我當下直接崩潰大哭，崩潰到無法自拔。他很困惑，他說：「是我耶，我是妳男朋友，又不是外人。」我還是不太清楚自己怎麼了，不知道為什麼就是這麼無法接受。

不過這任男友大我 8 歲，或許是比較成熟，他和我深聊，也嘗試幫我區分過去經驗和現在的不同，讓我明白「以前那些人是那些人，和現在的男朋友是不一樣的人」，他很用心地陪我一起克服，做了很多心理建設，甚至我們還說好要陪我一起重看《龍紋身的女孩》來突破心魔。我們去租了《龍紋身的女孩》DVD 回家看，還記得當時他很溫柔，從身後環抱著我、安撫我、給我安全感，但我看到那一幕還是徹底不行，我直接衝去廚房乾嘔。他太驚訝了，也意識到我的狀況比他想像中嚴重很多，便暫時不急著處理這個問題了。

往後多年，歷任男友幾乎都有因為這件事吵過架，曾經有一任男友，他真的很困惑為何不能嘗試看看，就向我提出了請求，而我則是第一時間很生氣對方為何不能理解我。我甚至為了對方的需求無法滿足的問題，還允許對方可以去特定服務的店滿足其需求，當時男友也非常生氣我怎麼能講出這種話，

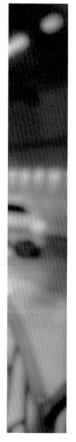

為此大吵了一架。我甚至一度懷疑自己是不是其實比較適合和女生在一起，也嘗試過和女生談戀愛，或許會比較自在吧！但我應該就是雙性戀，我發現喜歡一個人主要是因為對方的靈魂，而不是肉體，目前為止和女生或男生戀愛的經驗我覺得都可以。

現在回頭來看，可以理解對於歷任男友而言，就像多數人眼中這就只是正常性行為中的一種；但對於我而言，身心就會不由自主的反抗，卻無法明白自己究竟怎麼了，也不知道還能怎麼做。當時的我們，都無法同理彼此，對方覺得我是不是不愛他，我則埋怨對方不理解我，已經找過很多辦法、想了很久，但我真的無法接受啊！

或許，是因為我初次接觸到男性生殖器的經驗是如此不堪的情況下，路邊暴露狂、「右手」的幫忙，讓我對於「異性生殖器」還沒產生正常合理認知的情況下，就建立了這麼不舒服的經驗，導致我多年來強烈抗拒，直到三年前上了心靈的課程，有機會處理這個問題，才終於突破，和這個困擾我已久的心魔，算是有個和平的完結了，我終於……和那些不堪和解了。

> 66 經過這件事，我也認為家庭或大人對於一個孩子來說真的很重要，一定要跟孩子說，我們可以熱心幫助別人，可是還是要有點防衛心，還是要懂得保護自己。99

# 最陰暗的惡夢

## 洗澡被觀看、被扒光衣服關籠示眾……

原來我這麼害怕被注視的目光，

是因為這段不堪回首的經歷……

（請勿轉載擷取報導此段落）

在前面提及的恐怖寄養家庭，除了諸多詭譎的邪教儀式及行為對待之外，也不可免的在我腦海裡刻下了一些這輩子都難以跨越的巨大陰影。

曾經有一次，蚊帳不知為何破掉了，明明不是我弄破的，卻直接被未審先判地認定就是我！於是，我被關在養雞場裡，一大群雞一直啄我的腳，弄得我滿腳都是血，這個寄養家庭的小孩就在樓上看，邊看邊訕笑，沒有人要救我出去……後來好一段時間，腳上因為留下過多疤痕而被叫「紅豆冰」，讓我

很長一段時間不喜歡穿會露出腿部的衣服，長大後對尖嘴類的動物，都會不自覺心生恐懼。

## 揮之不去，
## 裸體被觀看的恐懼

也許是因為獻祭的關係，這個「軀體」很重要，還是什麼其他原因我也不清楚。我經常在換衣服或洗澡時，發現他會站在角落默默地注視著我，每一次發現時，我都會嚇好大一跳，但又不敢說什麼、也不敢有什麼反抗的動作，因為在這裡，我沒有關門或躲起來的權利……這讓我直至今日，都有裸體恐懼，明明是一個人在家、窗簾也都有拉好，還是會經常覺得「自己是不是正在被看著……」好害怕有人看著我但我沒有發現，這種不自在感，讓我夜深人靜時經常會突然毛骨悚然。所以即便是自己在家，也幾乎不會讓自己一絲不掛。

但最可怕的莫過於，他有時會把我衣服脫光，關在屋子外面好幾個小時，路人經過就會一直看我，對我指指點點。他還很喜歡把我衣服扒光後，用一些他喜歡的姿勢虐打我，我被毒打時，他的老婆、小孩也都會在旁邊觀賞、在旁邊笑，那個感受真的很恥辱……我這輩子只說出口這經歷兩次，一次在心靈課程某個環節中、一次就是現在寫出來，因為每次想起那時的體驗，都讓

我抗拒得全身發抖、乾嘔。這是我這輩子最難以啟齒、最羞恥的經歷，是我這輩子最難以跨越的巨大惡夢……（在這裡也希望媒體或其他管道，轉載書中內容時不要轉載這一段，麻煩了感謝。）

這真的是我成長經歷裡面最黑暗、最不堪回首的一段，不知道怎麼活過來的。我真的很害怕，到我長大了，都經常夢到一樣的夢，一直夢到和當時一樣的情景，夢到我陷在那個很恐懼、很不舒服的情景中。甚至，出道後有時突然受到矚目，一瞬間大家眼光都投注在我身上時，我經常會不自覺地很彆扭，會下意識問旁人：「是我哪裡怪怪的嗎？」、「是我曝光了嗎？」、「我衣服沒有穿好嗎？」

很長一段時間裡，我都很害怕被觀看、被關注，我會下意識地想當個隱形人，最好大家都不要注意到我。但從求學到誤打誤撞踏入了演藝圈，就是會一直被觀看、受到關注，本應該是值得開心的事情，起初也不知道自己在彆扭什麼？為何相較其他人，我就是特別不自在、不舒服？後來深深的探討過往經歷和潛意識之後，才知道是這段不堪回首的經歷，讓我經常在被注視之下，勾起如此抗拒的體驗。

> 而我直至今日，都還在努力克服這個問題，學習看待這不是什壞事，學著跟這件事有個和平健康的關係。

為什麼愛我的人
都會離我而去？

**曾經最親愛的大姊，至今難以面對的惡夢**

我和大姊，

都是被放在外婆家的小孩。

大姊是奶媽之後，

最像媽媽的依靠。

♡ ♡

大姊是奶媽之後，第二個像「媽媽」這個角色的人，我好不容易可以放心依附的人。但，這樣的快樂也很快就崩解了，成為我十多年來無法言說、無法面對的恐懼。

我在外婆家的時候，阿姨（媽媽的妹妹）的女兒有一天來到家中。長大以後才知道，按稱謂來說我應該叫她表姊，但當時我都和旁人一樣叫她大姊、阿妹姊姊（阿妹是她的小名）。

大姊是阿姨和前夫生下的孩子，可能是因為阿姨後來有了新的家庭的關係，於是將和前夫生的小孩也先寄養在外婆家中。可能因為我們都像是「被放在這邊的小孩」，都沒有自己的媽媽或至親在家中，我和大姊感情非常好。她知道我在這個家很不受寵，所以她盡可能的對我很好。她是繼奶媽多年之後，第二個在我生命中待我如母的人。

## 比親姊還親的大姊，
## 是我小時候的榜樣與快樂回憶

印象中，大姊剛來外婆家的時候 14 歲，我 7 歲。我們在外婆家的時候被分配睡在同一間房間，因此特別親近，久而久之，我和大姊的感情甚至比親姊姊還親。

大姊是大人口中一百分的乖小孩，成績好、很獨立，甚至會幫忙家人賺錢，非常孝順。我跟著大姊，立志要效仿她，我也要成為一個好小孩！我也會拚命念書、努力考好成績，積攢獎學金和努力打工賺錢，媽媽久久從日本回來我都會獻上我的眾多佳績，包括：存到的錢、在學校獲得的一整疊獎狀和獎學金。我眼中大姊是大人讚不絕口的乖小孩，是值得我效仿的「典範」。

我和大姊常常一起念書到深夜，我會假裝去客廳上廁所，其實是藉機觀察家

人睡著了沒，再回到房間和大姊回報，確認大人們都睡了，我們會一起偷溜出門，騎腳踏車去巷口買香雞排回來，再繼續一起讀書、一起吃，即便課本講義沾到都油油的也沒關係。那是我在外婆家少有的快樂時光，當時最大的小確幸！

> 最親的大姊，第一次覺得有人站在我這邊，成了我努力念書、努力賺錢的最佳典範，啃雞排不小心掉落在課本上的碎屑和油漬痕跡，也成了我寶貴的「童年小確幸印記」。

大姊不僅自身是個「好小孩典範」，她也非常會用「鼓勵式教育」鼓勵我努力讀書，她知道我愛聽歌、唱歌，便和我一起設定進步的目標，如果有達到設定好的成績，她就會找一百首我的愛歌燒成 CD！在那個聽音樂不方便的年代，擁有一片愛歌大集合的 CD 真的是最快樂的事！

大姊後來考上中興大學，搬去台中住校，我又過了四年沒人罩的時光⋯⋯

大姊大學畢業後，她的母親送她一間小套房，她有了自己的家，不需要住外婆家了。大姊搬出去沒多久，也把我接過去一起住，大概是因為她知道我在這裡很不受寵，所以把我帶去她的套房，我們過著相依為命卻快樂的時光，三個月後我的親姊姊也一起過來了。

除了年幼奶媽的記憶之外，第二快樂的時光就是這段了！我終於不再承受莫須有罪名而被打、終於不用自己走路上學了、終於能自由地選擇想吃的東西、終於不用再聽到外婆的嘲諷、終於不用再覺得自己格格不入……種種都讓我再次深刻感受到，大姊好似媽媽的角色。也終於可以自由提出想吃什麼，吃一些比較符合自己口味的飯菜，甚至可以買一些冷凍炸雞，讀書到半夜的時候炸來吃，當時真的覺得「很爽」！

> 隨著大姊搬出去住，國三的我有了大姊如母般的陪伴與鼓勵，終於過得比較自在和快樂；也一如既往地拼命念書，這時努力和進步終於會被看見和肯定了！

## 有一天，
## 大姊跳樓自殺了

又來了……我人生的好景時光總是不常在，快樂時光總是特別短暫……這樣舒服的生活過了不到半年，國三的某天放學，一如既往走在回家路上的我，突然接到家裡打來的電話，一開始還想說為什麼要突然一直打給我，沒想到電話接起來的對話讓我一片空白。

電話另一端哭聲不停，顫抖著說道：「大姊死掉了！」

我當下完全不相信，還說：「屁啦，怎麼可能，不要亂講話！她早上還載我去上學呢！」但是，話筒另一端傳來的是：「真的啦，她從公司跳下來了。」

當時的我，還處在真假難辨的困惑與混亂中，我蹲在路邊崩潰大哭，太錯愕了，還抱著一點不相信的感覺，總覺得早上人還好好的，怎麼可能……一定是搞錯什麼了……

我們家屬於非常傳統且尊重習俗的家庭。在當時「白髮人不能送黑髮人」習俗下，需要由「死者的晚輩或平輩」去處理認屍、招魂等第一線事務，但當時的我，年紀真的「太小又太大」了，當時的我還太小，小到無法健康消化那些突如其來複雜又劇烈的認知及情緒轉變；但又已經夠大，大到 15 歲的我完全可以記住我所經歷，甚至是一輩子難以抹滅的驚悚畫面，至今都無法忘記……

還記得認屍時，我走到太平間看見遺體的第一瞬間，其實有點認不出來。但因為我是負責認屍的人，是最親近她的平輩，我需要非常認真確認這是不是她？所以我很認真地端詳了許久，由於大姊是跳樓自殺的，且當時臉部著地，所以我花了一些時間努力的辨識，心中也抱著很大成分期盼著是搞錯人了……

我反覆端詳了很久，心中有很多疑問。現在回想起來，可能是當時對於死亡

的概念還不足，也可能是不願意相信⋯⋯身為認屍負責人的我，看了很久很久還是無法確認。

過了很久，我還是無法從她的容貌辨認，只好從她的眼鏡等配件，及身上的疤痕位置確認是大姊。我認屍後的幾個小時，守在遺體旁誦經到半夜，中間陸陸續續有很多親戚趕到，都是布一掀開就泣不成聲，我都會想「你們有確定這是她嗎？」、「有看清楚嗎？」我對於旁人直接崩潰感到困惑，自己心裡也有很多 murmur⋯⋯

臉凹一個很大的洞，這也太不科學了吧，人是可以長成這樣的嗎？
和我認識的大姊長得也太不一樣了，這真的是她嗎？還是可能搞錯了？
左手斷掉了，一直垂下來，我要不要把手凹回原位呢？
是不是放回去，大姊等下就活過來了？
有沒有人工呼吸搶救過呀？電擊一下說不定有機會？
還是我壓壓看她的胸口，我在學校有學過 CPR，會不會有用？
真的慢慢變成紫黑色了耶⋯⋯可以摸摸看嗎？屍體真的會硬硬、冰冰的嗎？

大姊往生七日內的種種儀式，舉凡當天去招魂的路途對我來說都特別遙遠，要唸的東西很多很多「XXX，回來喔～」、「XXX，過橋囉～」這些儀式裡的種種，對於當時的我真的太陌生又太沉重。還記得頭七的前兩天，我夢見在一團白霧中，大姊走過來牽我的手，說：「走吧！」然後我就牽起她的手，

和她一起消失在白霧當中。我嚇醒，以為自己是不是也要一起走了！

頭七那天，我要回大姊套房住的時候，因為習俗上頭七時，家人要回往生者生前住的地方住一晚，迎接魂魄回來。我變得很害怕，一直想著⋯⋯等一下是有鬼要來嗎？是走掉的樣子回來嗎？可不可以不要叫醒我，我會嚇死⋯⋯當時的我，真的沒辦法用殷切期盼的心情期待大姊回來。

百日內的一些儀式，我常常感到呼吸急促，頭暈目眩得無法正常行走。一直以來都沒有靈異體質的我，總覺得是內心深處的恐懼使我的身體極度抗拒；但另一方面，又不斷跟自己說她是大姊不應該怕，這樣是錯的。

這些深深的恐懼，我一直都不敢說。因為其他人所呈現出來的氛圍都是「這是親人，不應該害怕」，讓我覺得我的恐懼好像是錯的。明明我是和大姊生前最親的人，按理來說我應該要是最傷心難過的，可我卻是那樣地害怕。我一直沉浸在身心極度難受、極度害怕、以及滿滿的愧疚感中。當然當時的大人又開始討論起，我真的是個沒血沒淚的怪異小孩，大姊對我這麼好，發生這樣的事了，也沒見我像其他人那樣難過。

## 「太小又太大」的年紀被迫面對，
## 成了十多年來無法克服的恐懼

當年小到無法消化或釐清自己的情緒，大到無法忘記這一切的認屍畫面……
以及喪禮儀式中無法言說的種種恐懼，使我往後十多年都無法和他人提起此
事，甚至沒有勇氣去看她……

回想起來，當年的我有點不懂自己的情緒，無法辨識、消化，總覺得小朋友
離自己的情緒很遠。從目睹遺體、喪禮儀式、作夢等經歷，有些什麼在內心
發酵，但自己卻弄不清發生了什麼事。

大姊走的時候，我 15 歲，正是國三基測倒數一百天內。我一方面還無法真
正「認清」她走了的現實；一方面想著：「那我最近是不是都沒辦法讀書了？
要待在這邊這麼多天，馬上就要考試了，我可以拿書起來看嗎？」一方面又
想著：「又要回去那地獄了，好討厭、好難過，唯一的靠山也沒了。」當時
的認知與情緒，就是這樣混亂又矛盾。

很多事，都是之後才慢慢弄懂。

後來才知道，因為大姊跳下樓時臉著地，所以臉凹了一個很大的洞，手也斷
掉了，整個身體顏色變成紫色帶著血跡。可能是認屍時看太仔細又看太久

了，目睹的畫面深深烙印在我的腦海中，真的太怵目驚心了！完全取代我腦中對於大姊生前樣貌的記憶，我再也想不起大姊生前健康的樣子。

後來回想，大姊快要走的前幾天有問過我：「妳還有什麼是想做還沒做的？或有什麼歌還想聽？」僅只如此，當時的我也沒有多想，總覺得不急啊，下次要燒 CD 時再弄就好。仔細想想，那陣子，她似乎沒有平常那麼有活力，沒有再天天跟男友講電話，但也沒有察覺太明顯的反常，只知道就是分手了。

大姊往生後，大家唯一有跡可循是大姊跳樓前 4 分鐘跟男友通話，其他什麼遺言、遺書之類的都沒有留下。也讓多數家人將大姊的跳樓原因認定為「為情所困」，甚至將矛頭指向大姊當時的男友。然而，大姊走後一年，我夢到她了，她是生前健康的樣子，而且好認真、好正式的跟我說話。

夢境裡，是在一個日式房子，在夢裡我知道她走了。她說感情不受家裡的人祝福，她其實很想證明這個男生可以帶給自己幸福；雖然因為感情不受祝福而分手好一陣子了，卻始終不願意承認感情的失敗，也一直努力創造出好像還在一起的假象，會去找男友、會打電話給男友，希望一切就跟還在一起時一樣，但越是這麼做，就越是感受到男方的拒絕，使她越來越痛苦……也沒有勇氣和家人說他們分手了，心靈折磨之下覺得生活過得很累、不快樂，加上覺得至親沒有她也過得好好的，所以自己就沒什麼負擔的選擇放棄生命，

要我繼續乖乖的好好讀書，並要我轉告她母親不要太自責，要好好過生活。

大姊說得太認真了，我緊張地問她：「如果我醒來就忘記了怎麼辦？」她認真拿了紙筆說：「那我寫給妳。」她寫了整整四面的信紙，也寫上了她想留給媽媽的叮嚀，希望媽媽好好過自己的人生，我醒來後覺得太真實了，好像真的剛剛談話完，那個夢境我直到現在還是好清楚好清楚……我甚至都還能畫得出來那場景。不禁讓我開始相信，也許托夢是真實存在的。

> 66雖不確定這夢境內容究竟是不是事實，但這場夢某種程度上，解開了我內心對於大姊離開的結；但好多年過去了，我內心的恐懼還是跨不出去。99

有一天無意間經過大姊當初跳樓的地方，我還沒發現就是那裡，身體卻先反應了！我突然暈到無法走路、心跳急促，過了一會兒我瞥見街道上的特徵，也才意識到就是這裡，這就是大姊的公司，這是跳下來的地方。或許，身體和潛意識真的會比我們的認知來得更快、更直接。

大姊剛走的一、兩年，我和家人去靈骨塔看她，但我還是非常害怕，甚至不敢看靈骨塔上的照片，即便知道那是她生前的樣子，但我就是無法直視，因為映入我眼簾的，總是當時殘破不堪的臉龐。過程中，我身心都很不舒服且極度抗拒，滿滿的恐懼湧上來，總是心跳好快、頭好暈……

之後十幾年來，我一直不敢去看她。甚至，不曾和任何人提起大姊，彷彿我人生中沒有這個人。現在看來應該是創傷後壓力症候群的狀態，我連回想都不敢想，照片都不敢看，我真的再也記不起她健康的樣子。

不知道是不是認屍時，我看得太用力、太清楚了，所以家族裡只有我變得這麼恐懼。也想和讀到這段故事的你說，如果你身邊有非常親近的人，是不健康的方式離開的，例如：重大意外或自殺等遺體會不那麼「祥和」或「完整」的，可以不要看就千萬不要看，或至少不要看得太仔細，不然真的會烙印太深刻，可能難以承受。

66 今年我終於跨過去了，逼自己去看她了。99

## 十二年後重新梳理面對，
## 依舊恐懼，但我知道我需要勇敢

這幾年我花了很多時間探討我的心靈和潛意識，工作之餘，上了很多心靈相關課程，有一次主題是「人生離死亡最近的一次」，我才逼自己去講這段經歷。剛開始講的時候還是很不舒服，聲音都在顫抖著、手一直不自覺的摳著，甚至也講不清楚當時發生什麼，但也因為這樣，我在逃避十二年後，強迫自己重新梳理，重新去面對當年的一切。

今年我去靈骨塔看她時，理性的我很用力地逼自己去看她的照片，清楚地端詳、看她健康的樣子，但再怎麼用力看，當時認屍時的畫面、那令我恐懼的畫面就是會無法克制地襲來，洗也洗不掉。

我以為我準備好了，沒想到還是無法跨越。我回到家立刻開了紅酒，快速喝下半瓶，希望讓自己意識暫時不要那麼清楚。某程度對自己滿失望的，伴隨著很大的愧疚感，感覺自己做錯事情，只有自己有這些反應，感覺自己像那些大人口中說的，我很不孝。

我準備了那麼久，我以為我準備好了，怎麼那麼難？
她明明是我很愛的人，為什麼我會這麼害怕？
那麼多事我都可以克服了，為什麼這件事就是不能？
我好像沒有想像中那麼強大，這件事還要困住我多久？

喝完酒之後，哭完之後，我知道，下一次我還是會需要準備自己很久很久。

恐懼，真的是最無法控制的負面情緒，太直接、太潛意識、反射性地湧上來，就算平時有再多正能量也無法抵擋，恐懼會瞬間吞噬掉我們所有能量。然而，很多事情，越逃避就越無法跨越。恐懼，只有穿越了才能克服，也只能自己去穿越，沒人幫得了你。只有去面對，置身其中和恐懼共處，在恐懼中前行，才終有一天能夠放下。但你要克服它，就必須先變態的逼自己在恐懼

之中，再難受都堅持往前，才會有一天能夠穿越它。穿越了，你就克服了！你就戰勝它了！

> 勇敢，不是我什麼都不害怕；而是我很害怕，也都依然選擇往前。

這段心靈課程引領我重新梳理自己的過程中，我發現奶媽跟大姊的相繼離去，讓我從心靈上也變得更獨立，我再也不敢過度依賴他人。我不想要依附別人，總覺得只要這個人被我依附了，他就會從我的生命裡徹底消失……

## 住進阿姨家中，
## 遇見另一群陌生人

因為阿姨（我母親的妹妹，亦是大姊的媽媽）想替大姊完成生前的遺願，也就是照顧我這件事。大姊離開後，當時準備升上高中的我，就被阿姨接到他們家一起住了，當時阿姨說，她就照顧我高中這三年，大學後可以去住校。

雖然我和大姊很親，但我和大姊的媽媽這一家子的人幾乎素昧平生，對當時的我來說，又要適應新環境、新家人了，又是這種陌生感覺，好討厭……但這也是我最後一個寄養家庭。

一方面，阿姨在市場工作，每天都是晚上 5、6 點就寢，凌晨 1 點多就出門，我醒來時阿姨都不在家，我放學回家時則是阿姨的休息時間。整個家中我和阿姨勉強來說是最熟的了，但我和阿姨的生活作息顛倒，導致我們鮮少有交集。我和阿姨之間的往來，只剩下放在桌上的每週 1,500 元的生活費，以及門縫下的紙條和簡訊報備的互動，最溫暖的大概是阿姨都會幫我準備隔天的午餐，讓我能帶便當去學校蒸。

至於姨丈，我住在阿姨家那三年和他沒講超過十句話。姨丈沒有工作，終日抽菸、喝酒和看電視，有時家裡沒人我會把自己關在房間裡。有一天，我請病假，只有我和他待在家中，姨丈突然兇猛大力敲我的房門，我將門開一個縫問他：「怎麼了嗎？」他不發一語，只見他僅穿著一條內褲，喝得醉醺醺的……我真的好害怕，以為自己要怎麼了。

和阿姨家中小孩的相處，我再次體驗到了被排斥的感覺。雖然現在想來也能理解，對於阿姨家中的孩子們，突然被迫把書桌和衣櫃分我用，床還要分一半給我睡，難免不情願，這都是人之常情。從小在外婆家，在多個寄養家庭輾轉的歷程，也讓我越來越受不了一直沒有屬於自己的物品、沒有屬於自己的空間，永遠都要等其他人用完我才能借用。

在寄養家庭，就是明明大家坐在同一張桌子吃飯，待在同一個空間生活，但一句話、一個眼神、一個物品，都能使我知道自己終究和他們不是一家人，

知道自己其實不屬於這裡，覺得自己好像被施捨的，也經常深深感受到自己和他們格格不入。

小時候看完《哈利波特》（Harry Potter）印象最深刻的是，我超羨慕主角即使寄人籬下，至少有一個屬於自己的小房間。我曾試圖在家中仿效哈利波特，想找個儲藏室打造成自己的小窩，但終究沒有辦法，那裡小到一張單人床都放不下……

或許是多年的累積，使我越來越不想再寄人籬下了，越來越想逃避這感覺。高中放學後寧願待在咖啡廳、麥當勞、K書中心讀書，或在路邊坐久一點，甚至會搭公車坐到底站再坐回來，經常過家門而不入，在車上再繞一大圈回來……想盡辦法用各種看似正當的理由，拖到最後一刻才回家，很多時候也會去借住同學家，或是睡在路邊座椅或麥當勞，等到早上全家人都不在的時候我再回去。如果假日需要待在家中，我也常常裝睡、或是假裝上廁所上很久，就是希望減少和其他人一起在餐桌上吃飯或待在同一個空間的機會，我總會感覺空氣中充滿了格格不入的尷尬氛圍。

其實也沒有人在乎我幾點回家，也許是阿姨想給我多點空間，不想太約束我。我發現午夜才回家，大家都睡了，客廳已空無一人時，我才能比較自在地看自己想看的電視，比較自在地自由活動。漸漸地，我喜歡參加學校社團活動到很晚、K書K到很晚、偶爾跟同學在麥當勞待到早上，或乾脆待在同

學家，早上再回家梳洗去上學。我一次次發現，即使我不回家，好像也不會怎麼樣，好像也沒有人在乎。

所以高中三年，是我課後活動最多，也最少回家的三年。

這是我人生中最後一個寄養家庭，每一個小舉動都必須「有求於人」的感受，從小輾轉寄宿的這些年來，從沒停止過的壓抑累積，我也明白，這樣無形中也會給對方造成壓力，畢竟不會有人天生就喜歡自己私密的空間和物件，要平白無故分給另外一個陌生人。於是我更加努力賺錢，嚮往著有一天我可以不用再寄人籬下、有求於人了……

那些年的隻字片語

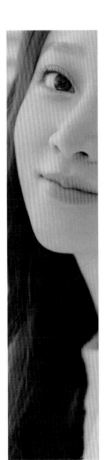

# Chapter 3

# 我與母親

不斷渴望靠近卻徹底崩解

我嘗試過與母親和解
但卻在最困難時走向滅亡

我以為，我只要乖，
我只要努力學好，
就可以和同學一樣，
得到媽媽的認可。
我就可以被愛……

雖然從小就很少有時間能和媽媽待在一起，但我內心其實一直是非常渴望和母親相處的。

或許渴求母愛是天性，小時候並不明白為什麼自己老是被送去別的地方養？也不明白為什麼媽媽經常會打我，但那些被暴打的經歷和顛沛流離，並沒有讓我有怨憤，反而讓我更努力地想要靠近她，想要得到媽媽的認可，希望我也可以待在她身邊。

國小三年級時，班上有個成績很優秀的資優生，懇親會時雙親都會來到學校，看見班導師和她父母如何誇讚孩子有多棒、多優秀，當時我就在我小小的心裡立下宏願：「我也要努力讓自己成績很好很優秀，這樣我的媽媽就會來學校，老師就會跟我的家人誇獎我，媽媽就會覺得我是個好孩子了！」

## 我曾非常努力，
## 和媽媽修復關係

因為太想要得到認同，我會盡力去效仿老師口中的「好學生」、家人口中的「乖小孩」有的特質，除了努力讀書、顧好學業之外，學校還會教育我們要品學兼優、熱心助人、有公德心、有禮貌、守紀律……我都會銘記在心，並在校園生活極致發揮。家中的乖小孩榜樣──大姊，是個學業好又乖巧的孩子，課餘時間都會幫忙家裡工作，沒有任何不良嗜好，在更老一輩眼中最孝順的孩子，就是拿最多孝親費回家的孩子。

「讀好書，才能賺很多錢，成為一個有用的人。」是我小時候堅定的志向。

於是我國小便開始注重學業、打工賺錢、也會幫忙家裡工作，賺取更多零用錢存起來，久久見到媽媽一次，就會獻上我的孝親費和滿滿的獎狀，到了國中甚至會有校排名的獎學金，整個信封袋我連拆封都沒拆封過，直接交到媽

媽手上，我多希望她能多看一眼上頭的標籤貼「〇年〇班ＸＸＸ，本次段考校排名ＸＸ名」。除了學科成績表現還行，術科成績我也盡力做好，所以我的國小國中都是領縣長獎畢業的（五育成績總和第一），這可能是我整個學習生涯最值得驕傲的事了。我認為自己不是天資聰穎的學生，我是非常非常努力得來的，經常都是在夜深人靜、眾人皆睡時，凌晨3點就起床搭配著我的韋恩特濃咖啡挑燈夜讀，如此兢兢業業，只為了多拿幾張獎狀，多拿一點獎學金，希望可以獲得大人和媽媽的肯定。

一路以來，我一直在努力考得更好、存更多錢給媽媽。我一直等待，何時才會被看見、被肯定？但我也一直在失望，好像我表現好都是理所應當。即便我成績再好、老師給我寫了多少好的評語、賺了存了多少錢，卻還是沒有得到母親的認可或任何獎勵，甚至當時努力得來的獎狀和獎盃們，全部被丟掉了……讓我小時候唯一值得自豪的事情，沒有留下任何紀念，這真的讓我好無奈、好難過、好空虛，沒獲得認可就算了、連證明也沒留下，好像這一切的努力如船過水無痕一樣，不留一點印記，連自己想回味都沒辦法。

## 怎麼越是靠近，
## 就越是覺得不舒服？

小時候，除了媽媽偶爾會回來台灣幾天，有時候我們放長假，經濟狀況允許

的話，我和姊姊也偶爾會去日本找媽媽。

記得國小升國中的暑假，我和姊姊去日本找媽媽，當時和媽媽住在一起四十天，是我和母親這輩子最長時間處於同一個屋簷下。後來國中暑假也相繼有過在日本一兩次短暫的相處，在日本的時光應該算是我和母親靠得最近的時候了，所以我和母親屈指可數的單獨交談都發生在日本，包含本書最一開始的第一次，母親講述我的身世之謎那個下午。

高中的三年，幾乎沒有機會和媽媽見到面了，直到 18 歲那年的過年，我很努力存夠了錢去日本找媽媽和姊姊一家人。有天和媽媽一起搭車去看姊姊在日本語言學校的畢業發表會，我們日本家算是偏鄉，搭車到市區學校要轉乘諸多地鐵、新幹線，四個半小時才到得了，車程漫漫的路上，開啟了我和母親第二次的獨處與深度交談。

媽媽開始語重心長地和我說：「妳在台灣有沒有去學才藝啊？妳不要以為靠妳那張臉可以在演藝圈混多久，演藝圈是很競爭的，妳沒有實力很快會被淘汰的！妳看誰誰誰從小學芭蕾、誰誰誰會音樂……妳看看妳姊姊會寫書法、會畫畫、會鋼琴，現在還讀語言學校學日文、英文，緊接著要考醫學系了，啊妳會什麼才藝嗎？」與其說是語重心長，我倒是覺得自己被數落了一番，覺得好委屈，從小到大都不敢頂撞母親的我，當時只能默默在心裡murmur：「我也很想學啊，但妳有讓我學嗎？我連要自己繳學費、好好讀

書都很困難了，哪還有多餘的錢去學什麼才藝？」「對了！姊姊之後還想去英國留學，但英國學費太貴了，是姊姊現在日本學費的至少兩倍以上，我有點負擔不過來，妳可以幫忙姊姊付學費嗎？」媽媽緊接著問。

「ㄜ……我也沒有賺到這麼多錢啦，可能沒辦法……」心裡千頭萬緒的我，只淺淺的回應了一句。心裡有好多不公平的言語浮現：「在數落我什麼都不會的同時，您可曾想過，您拿姊姊隨便學一個才藝的錢，都能輕鬆讓我負擔學費……不幫我付也不打緊，我自己支撐自己學業已經夠辛苦了，現在還要我幫姊姊付？有想過我的感受嗎？」沉默了一陣子，車子終於到站了。

到了語言學校以後，看著姊姊在台上成果發表，好厲害的身影，再看著繼父和媽媽盛裝出席，繼父拿著 V8 認真地錄影、媽媽拿著相機不停地拍照，深怕錯過任何重要的一刻。這不就是我一直很嚮往的高光時刻嗎？我一直好期待我努力念書、考好成績、得到獎學金、畢業上台領獎……能因而被家人看見我的努力，被肯定我也是個好孩子。

但看著眼前的這一幕，相比他們之下，我好似黯淡無光。我看著他們熱情地拍攝、爸媽引以為傲的神情，甚至幫他們拍照。好像他們才是一家人，我是個外人……隨著年紀增長、自己越來越懂事後，越是和他們相處在一起，我總覺得怎麼越來越奇怪了……這樣落差之大的待遇，真的合理嗎？

## 好渴望有一個自己的家，
## 搬出去住卻差點露宿街頭

我曾經以為等到上大學，就可以和姊姊一樣到日本，和家人住在一起了。快要升大學時，有天電話裡，媽媽說：「因為 311 大地震家裡損失慘重，目前的經濟狀況，只能負擔一個人來日本讀書的費用，姊姊很想過來……。」我不假思索的回答：「喔，好啊～那就讓姊姊去呀！」其實看似若無其事的我，在當下彷彿也聽懂了，日本的家，依然沒有我的位置……面對他人暗示性的不歡迎，我似乎一直以來都會聽懂，並先自己選擇退出。

高中畢業，大學前夕，我以為要和家人團聚的心情再度落空，我靠著自己外拍打工賺到的一些錢，戶頭裡有了五、六萬的存款，看著自己比同齡同學「富裕」的存款，覺得自己好像很有錢，應該有能力自己搬出去住了，加上當初和阿姨約定本就是只有要收留我三年，大學我就要搬出去了。

> 多年來一直寄人籬下的不自在，長期壓抑著對於有一個屬於自己的空間的渴望，在這個時候，似乎再也按捺不住了，我真的好想、好想有一個自己的家。

17 歲高中畢業後沒幾天，拿著自以為「有點錢了」的五、六萬存款，搬出去租了一間在台北市頂樓加蓋的小套房，一個月房租一萬二。沒想到房租要

「押二付一」，瞬間我要付出去的金額是「三萬六」！原以為自己有點存款了，瞬間就少了一大半！而且，要花的錢還不只房租。因為租到的是空屋，還要買床單、洗衣精、桌子、椅子、櫃子、一些能簡單烹飪的家電、打掃用具、清潔用品、收納櫃⋯⋯等等，就是把一個家從零到有，該用到的所有哩哩扣扣買一買，一萬多塊就又沒有了⋯⋯

也是出來住之後才知道，為什麼大人去超市都可以買到把一整車的購物車放滿，家裡真的每個月都有好多東西需要添購，我一個人住就這麼多了，更何況是一個家庭⋯⋯當時好羨慕身旁同年齡的人都能用零用錢、或打工賺到的錢，拿去買喜歡的東西，而我卻要先拿去繳房租，剩的再買家用品，經常入不敷出，根本不太有多餘的錢能買其他想買的東西。

還記得每次逛超市我都會在架前徘徊許久，展開我的精打細算的技能，這個清潔劑除下來 1ml 是多少錢、那個衛生紙除下來一張是多少錢⋯⋯我一定都要買到最便宜、CP 值最高的！一邊逛著超市卻滑著朋友們滿滿出去玩的動態，我就會好厭世，年輕時特別耐不住性子，就經常忍不住抒發一些憤世嫉俗的文字在自己的私人臉書。

果不其然這樣入不敷出的日子撐不了太久，我第一次經歷到什麼是「身無分文」，當時戶頭裡只剩下 125 元，甚至想領都領不出來。當時的我，窮到沒飯吃，連冰水都買不起，在 38 度高溫的夏天，住在頂樓加蓋的鐵皮屋裡，

真的超級熱！我超級渴，但生水也不能直接喝，我只好把生水拿去煮滾，夏天高溫之下，水放也放不涼，我彷彿在烤箱裡喝著熱水。

水都買不起，食物就更不用說了。因為國小在福利社打過工的關係，我知道店員會定時清理即期品，所以當時半夜我便埋伏在便利超商，大約凌晨 2 點都會看見店員把當天過期的食品堆在一個箱子裡，準備拿去處理掉。當時太餓太窮的我，鼓起勇氣問店員，能不能讓我拿一點回去，店員說：「可是這邊都是過期的喔！」我說沒關係，我不介意。但也實在不好意思拿太多，也不敢每天拿，我只好一次拿回去以後，努力分成很多天的糧食，努力慢慢吃。

實在太想喝冰牛奶了，過期兩週內微酸我都還能喝；實在太餓了，過期發霉的麵包跟泡麵，我把發霉的地方剝掉，吃旁邊看起來沒有霉的地方；如果有便當，對我來說是很奢侈的食物，可以吃一整個禮拜！反覆微波，酸掉也沒關係就繼續吃，每次都吃一點點，努力讓一點點食物，撐過很多天。

朋友邀約一起出去吃飯，愛面子的我，只好假裝自己很懶，懶得出去吃飯。有的朋友看我很懶，便幫我打包回來，對我來說那真的是發光的食物！有時有朋友來我家，我也會假裝自己很喜歡吃白飯配湯，請朋友幫我去自助餐包一大袋白飯和一大包湯，一大包飯只要 20 元，自助餐的湯免費，朋友通常會說 20 元就不用給了，或下次再請他喝飲料就好啦，只有 20 元對我來說沒給對方或假裝忘記也不至於太愧疚。如此一來，我就可以用那包白飯和湯，

吃很久,不至於餓死。

瞬間成為窮光蛋的我,房租欠了三個月,真的對房東很不好意思,但也只能躲著。房東打來我都不敢接起來。在屋子裡,電燈、冷氣都不敢開,房東狂敲門,我就一個人蜷縮在角落躲著,假裝我不在家裡。

窮途潦倒卻又拉不下臉跟朋友借錢,因為高中時期,為了想要和大家一樣,以為這樣能被同學認同,便假裝自己家裡很正常、甚至很富裕,經常把爸爸是醫生、媽媽是護士掛在嘴邊(其實那個「爸爸」是媽媽再婚的丈夫,他的確是醫生有開私人診所,而母親是在自家開的小診所幫忙而已,稱不上是專業護理師),但其實我並沒有因此有更多零用錢,大部分的東西還是靠自己打工存錢買的。當時買的新手機、相機等等,我都讓同學都以為是我家裡買給我的,現在突然跟他們說我沒錢了需要借錢,實在拉不下臉戳破自己創造的美麗泡泡。

明明本應該驕傲的事,小小年紀便能自己賺錢、買自己想要的東西;卻因為太想要得到無謂的「認同」,而ㄍㄧㄥ出一副樣子,想要成為同儕口中稱羨的「有錢人家小孩」。現在想起來都覺得當時怎麼會有這種想法……我應該要很自豪吧!我在幹嘛呢?

## 繳不出學費，
## 差點不能上大學

就在人生第一次深刻感受到自己好窮，正好是上大學要繳學費的那一天，我當時身上沒那麼多現金能繳。我原本考上的是東吳大學，為了想和日本的媽媽和姊姊親近一點，還特地考了日文系，一直以來自學日文，都是為了親近家人。如果要申請學貸，未成年人需要監護人陪同，但我監護人是媽媽，媽媽在日本根本不可能趕過來。當時學校的人說：「下班時間6點前繳不出來，就等於放棄學籍。」

我趕緊打電話跟媽媽聯絡，媽媽叫我去跟公司要錢。所謂公司是指，我那時還不算出道藝人，因為無名小站和外拍等關係，網路上小有名氣，幫我接通告的經紀公司。我只好向公司申請可不可以預支薪資，但公司的人說有出帳日期的規定、款項還沒下來等原因不能先發薪給我。我跟媽媽說公司那邊說無法臨時支薪給我，母親當場居然氣炸飆罵：「這是什麼沒人性的爛公司！一點人情味都沒有！不要在那邊工作了！爛透了！」

後來媽媽也打電話到公司吵架了許久。於是他們鬧翻了，我也莫名收到存證信函，被冷凍了近兩年的時間，原本的錢也拿不到了，更突然失業接不到新工作了。後來輾轉和遠房親戚借到錢，我在東吳大學的第一學期的學費，才勉強壓線繳了出來。

## 努力賺錢，
## 只為了希望讓媽媽享受人生

被公司冷凍後，我回到素人生活，歷經窮困潦倒的我，最後逼不得已和朋友開口借錢，開始做起了網拍，以批發零售服飾、拍賣自己的二手服飾、日本代購為主，很幸運的高中時在網路上已有累積些流量，所以算是經營得不錯，東西幾乎很快可以賣光。

好不容易賺了一些錢，能飛去日本找媽媽和姊姊她們了，甚至把存到的錢全部都帶去了，帶了 10 萬左右過去，最終那一趟花費了近 5 萬，剩餘的 5 萬我給了她們 4 萬。當時我還特別叮嚀姊姊，這 4 萬給媽媽，需要的時候可以拿來用。自己身上只剩下 1 萬塊，負擔來回的交通和短暫的一點生活費，我總是把自己身上所有財產幾乎 90% 給媽媽，因為我總認為錢再賺就有了，而當時能自信滿滿的身上剩 1 萬元回來，是因為那一趟日本行我有做代購，心裡知道回來把東西寄出就又有收入了。

記得在當時獨自飛回台灣的我，在飛機上看著窗外的雲海，人生彷彿頓悟了一般，覺得自己能賺錢、給家裡錢，真是太踏實、太有成就感了！可能小時候能存的錢都不是太多，所以從來沒有過這麼大的成就感，於是我又立下了下一個人生志向：「我要賺很多很多錢，給媽媽在東京買大房子，讓她過上舒服享受的人生！」當時還興致滿滿的寫在了日記上，覺得人生頓時充滿了

鬥志！回到台灣都還沒休息，第一件事就是打開行李，把這次代購的商品趕緊寄出去，好一段時間我每天都充滿幹勁的工作著。

後來好幾個月後，我迎來人生第一場、也是最痛苦的一次失戀，那是我出社會後的初戀（小時候都是純純的愛），我的人生彷彿陷入了谷底，成天以淚洗面，為了讓心情好點，盡量一直跟朋友出去，不讓自己待在家胡思亂想，也經常需要喝酒才有辦法入眠，完全無力好好工作……過了四個多月後，沒有收入又成天渾渾噩噩的我，加上本就龐大的生活開銷，之前奮力工作存的錢，就這樣不知不覺又見底了，沒有了現金可以再批貨來繼續經營網拍事業，接連又收到下個學期的學費帳單，我又繳不出來了……

## 在我人生最困難的時候，
## 卻被狠狠踢開了

面臨瞬間又變得困窘的生活，沒錢付房租、更沒錢繳學費的我，又輪迴了一次剛搬出來住時，那窮途潦倒的撿拾生活，又是積欠幾個月的房租、天天吃過期食品的日子，那時候走在路上甚至還會觀察「遊民是怎麼睡覺的、要在哪裡落腳？露宿街頭該有什麼物件」……但這次更加拉不下臉來「又」要跟朋友借錢了。

思考了很久，決定應該像周遭朋友那樣，沒錢了就打電話回家呀！於是，我人生中第一次鼓起勇氣尋求媽媽的幫助，想和媽媽借一點錢，或是把我之前多次給的孝親費先拿一點回來就好，居然慘遭拒絕。不僅絕情，更是被狠狠數落了一番，汙衊我在說謊不可能沒錢，甚至被毫不留情地踢開。在一旁的姊姊只能眼睜睜看著我們的關係走向破滅。

我真的沒想到，多年來我們稱不上緊密，但至少我不曾怨憤過媽媽，甚至一旦我有錢，我就會拿給媽媽的情況下，人生第一次向媽媽求助，居然是被這樣狠狠回絕。思慮了很久、心裡建設了很久，手上握著電話卻遲遲按不下通話鍵，想著怎麼這麼難以啟齒，這不是自己的親生母親嗎？跟媽媽說明一下狀況，應該是可以被體諒的吧？於是躊躇了好久，終於還是鼓起了勇氣撥電話到日本，先是姊姊接起的電話，她也支持我先和媽媽求助，於是電話轉交給媽媽，說明了我現在困窘的狀況後⋯⋯

「所以⋯⋯我能⋯⋯跟妳借一點錢嗎？看妳可以借多少，3000、5000 也可以，其他的話⋯⋯我再自己想辦法⋯⋯可能再去和別人借⋯⋯」支支吾吾的，畢竟是第一次開口要錢，實在不敢一次開口要太多，於是我語帶保留的問。其實當時心裡有個念頭，一般家人聽到這狀況，應該會全額資助女兒度過難關吧。所以我奢侈的妄想了媽媽可能會問總共積欠多少，應該是會幫忙我全部的吧⋯⋯

「我不會借妳，妳不要來跟我要，而且妳怎麼可能會沒錢！」似乎一直以來我一直能給她很多，建立了「我很會賺錢存錢」的形象很深，所以她是真的不相信我會沒錢⋯⋯經過了一番我認真的「舉證」，證明自己真的沒錢了、也把撿拾過期食物吃的狀況據實以報，但她説什麼都還是不肯幫忙。「在妳心裡，我到底是妳的誰？」在怒氣之下，忍不住把深埋已久的疑問，脱口而出。「對我來説，妳什麼都不是！誰都不是！」我媽毫不猶豫地説。

電話那一頭還伴隨我姊的啜泣聲，哽咽説道：「妳為什麼要這樣跟她説話？」我多年來對於自己遭遇種種不公平對待的疑問，在那一瞬間，好像終於得到了一個合理的答案了，而我的心，彷彿在這一瞬間也死掉了一樣⋯⋯我想著，我不能借，那我把之前給她的，拿一點回來總可以吧。「那我不跟妳借，妳把我給過妳的錢，還給我！其他我不跟妳算，我就跟妳拿上次回日本給妳的那 4 萬塊就好。」我異常冷靜地説。「那都是妳自己要給的，我從來沒跟妳要過一毛錢，那都是妳自己心甘情願給的，憑什麼要回去。」媽媽説道。

我瞬間無語了，是啊⋯⋯一直以來，都是我自己心甘情願給的。「好！從今以後我都不想再裝了！我會跟別人説我是孤兒。我再也不想費勁地解釋為什麼只有我一個人在台灣？我的其他家人都在日本過著富裕的生活，姊姊想學什麼就可以學什麼，而我卻只能自己一個人在台灣，什麼都要靠自己，連學費房租都繳不出來，一直自己一個人，這麼辛苦地活著，妳都沒有養過我。我再也不想和我的朋友們解釋，為什麼我和姊姊差這麼多，我自己都不知道

為什麼了……」一直以來對母親畢恭畢敬的我，第一次和我母親講話如此帶有情緒……邊講著，眼淚也不自主的奪眶而出。

「好啊，妳去講啊，我跟妳正式斷絕母女關係！以後我們井水不犯河水，妳死了不關我的事，我死了，也不關妳的事！」我媽飆罵道。
「好，祝妳一切順利！」我冷靜的口吻説完，就被掛了電話……

姊姊數度想在中間緩頰都無效，她哭著説要把她存的錢借給我，也被媽媽大聲喝止，她一直哭著一邊試圖搶過電話，我聽到她在電話那一頭和媽媽説：「妳為什麼要這樣跟她講話？」、「妳可不可以不要這樣跟她講話？」但無奈姊姊也抑制不住情緒噴發的母親，傷害還是這麼狠狠的劃下了。

似乎多年來忍受不公平的虐待，一直以來我都被流放在外、我如何努力考好成績證明自己不是壞孩子、我如何努力自己攢夠錢去日本找媽媽、從小到大我如何存錢竭盡孝道，卻又一而再、再而三被當作外人看待的潛藏情緒，多年壓抑下來的種種委屈，一瞬間全部湧現……現在想想，媽媽從來就沒把我當自己的孩子，甚至在我窮途潦倒時，絕情的把我一腳踢開。

那些年的隻字片語

實在借不到錢，我只好停學了。當時的我，真的覺得很受傷，我一直這麼認真念書，我這一生最大的志向

就是要把書讀好，一定要大學畢業，才能被人看得起。居然有一天會因為沒錢，而被迫停學。休學半年以後，也存到了錢，才去重考別的學校，就是後來念的實踐大學。

## 徹底心死，
## 我真的很受傷

在那之後，過一陣子就是過年了，沒錢的我給自己的「豪華過年大餐」，想著過年總要吃好一點吧！於是買了平時不敢買的奢華泡麵，但其實也就只是一碗 25 元的阿 Q 桶麵。

幾天後姊姊突然打電話給我，要約我偷偷見面，我才意外得知，原來今年過年媽媽和姊姊有回台灣，回外婆家團聚吃了年夜飯，卻完全沒有找我！沒有人問過我一句在哪裡？要不要回家吃飯？他們吃著溫馨年夜飯時，卻沒有半個人想到我，連問候我一聲都沒有……

某天下午，姊姊找了個大概 15 分鐘的空檔，偷偷跑來找我，偷偷摸摸到我們甚至只能在路邊巷子相見。那時她和媽媽在附近逛街喝下午茶，她說要見一下朋友才稍微脫離我媽的視線，因為她被母親下令不准和我聯繫。

稍微慰問了近況之後，姊姊拿了厚厚的兩個信封給我，一封裡頭是 2 萬元現金，姊姊說這是這幾年她在日本存下的零用錢，雖然不多，但不無小補；裡頭還有兩枚金戒指，是繼父的母親生前留給他的遺物，因為他所有的財產都在我母親的控管之下，所以沒辦法動用到錢財來幫助我，他要姊姊轉達我，這是他身上唯一僅存的最值錢的東西了，要我拿去當鋪當，看能換到多少是多少。另外一封呢，則是媽媽寫給我的信。信是媽媽要她「寄」給我的，但姊姊太想把其他兩樣東西也給我，所以乾脆偷約見面，一起拿給我。

很是感動，卻又略帶諷刺。感動姊姊和繼父竟然都願意幫忙我，雖然不多但那已是他們當時的全部，我真的很感恩。同時感到諷刺的是，為什麼我連和自己的親姊姊見面，都還要這樣偷偷摸摸的？為什麼她不能和我聯繫？連我此生沒講過五十句話，極為不熟的繼父，都願意幫忙我了，雖然戒指當掉只有約 6,700 元，但我還是很感動和感謝。和我這麼不熟悉的人都願意如此幫忙我，那我的母親呢？不幫忙我就算了，還要在這種時刻，不准任何家人和我聯繫，讓我眾叛親離，對我不會太殘忍了嗎？

回到家後，心急如焚打開那封信，是滿滿四張 A4 的紙。讀信之前，我真的一度以為，媽媽應該是良心發現了，應該是想了幾天後，實在覺得這樣對我真的太殘忍了，所以想跟我道歉了吧……沒想到仔細讀取後，裡頭竟是寫著滿滿的數落和算計，數落我是個多差勁的孩子，也算計著從小到大花在我身上所有的錢。

信的一開頭就是：

「妳現在是公眾人物，妳不能說謊，妳不能跟別人說我沒有養過妳，什麼叫做我沒養過妳？從妳出生後的所有奶粉尿布錢，平均一個月 $XXXX、妳自費打的疫苗什麼針多少錢，到後來找保母的費用，一個月 $XXXX，什麼時候住誰那，我每個月付給那家人 $XXXXX，後來妳上學了，一年級學費多少多少、二年級、三年級……，學校的教科書多少多少、畢業旅行費國小、國中、高中各是多少……」

我真的難以置信，這樣如此鉅細靡遺的算計，各個條列式、落落長的寫滿了整整三張紙。算計完了之後，緊接著是滿滿讓我心灰意冷的數落。

妳的爸爸從妳出生便拋下兩個女兒，我一直努力在日本賺錢、寄錢回去，所以妳不能跟人家說我沒養過妳，這些都是我養過妳的證明，妳不知感恩就算了，但妳不能說謊。還有小時候那個也不能說是賣掉，是對方很喜歡妳，來說要領養，加上他們家環境富裕，我覺得妳去到那會有更好的待遇，他們會給妳滿滿的愛，我也是為了妳好才答應的，那 30 萬只是紅包而已，後來想想也是不忍心，就把妳要回來了啊。

但之前明明說是外婆受不了街訪鄰居的輿論壓力，才反悔的。

一直以來我也有幫妳找保母、找親戚朋友養妳，讓妳有地方住、供養妳長大，

是妳自己不知足，好好的阿姨家不住，阿姨好心收留妳，妳還不懂感恩，自己要為了男人搬出去住，自己造成的後果就應該自己承擔……

看到這裡我真是滿頭問號，為了男人？？？我要是有男人我還會繳不出房租，需要跟家裡借錢嗎？我借住男友家不就得了。且我要是有男人供養，我會過上這麼窮困的生活嗎？且阿姨本來就說只收留我到高中畢業，哪裡是我不知足搬出去？

妳真的是一個不懂感恩的孩子，我對妳很失望，是我無能教不動妳……妳竟然那麼厲害，以後就過好自己的人生吧，妳也長大了不需要大人照顧，此後我和妳互不相干，死了也不需要讓對方知道，就各自過好自己的人生吧……

信的最後一頁是：
對了，從小我有幫妳和姊姊保了 XX 人壽的保險，受益人我寫的是我的名字，妳成年以後受益人可以去改掉，隨便妳要改成誰，這樣我們就再沒瓜葛了。承辦的保險員是 XX 人壽的唐 XX 電話是 09XX……，妳再自己聯繫她吧。

我看著這封信，氣得手都在發抖，氣到忍不住當場撕爛。還發了一篇貼文在自己臉書，寫下當時氣憤又失望的心情。我真沒想到會有一個媽媽，跟自己小孩算計從小到大的花費；我真沒想到會有一個媽媽，憑著自己的臆測，汙衊孩子的人格和人際往來，把我所有一切都汙名化來解釋；我真的不理解，

我做錯了什麼事情？需要受到如此對待？

我還不是因為捅了什麼簍子、闖了什麼禍才負債的，而是一個人在台北生活支撐不下去了……才第一次向家裡求助，居然被自己的生母這樣毫不留情地踢開，甚至事後還要回馬槍來算計和批判我，彷彿被踢開是我活該一樣……

看著那些文字心想，妳知不知道寄人籬下有多難受？我一直都在不停輾轉、流離，我一直都沒有家的感覺，連一個自己的房間都沒有。都是被丟來丟去的感覺，吃飯或一件很小的事情都需要有求於人、都需要經過別人的同意，那感受有多差、多卑微？總是被嫌棄和種種無法融入的感受，會讓人有多想躲起來甚至逃離，我只是想要有一個自己的家，不想再有求於人了，才會一直都努力賺錢存錢，讓自己有能力可以搬出去，卻被妳講得如此不堪、不知足。我要是真的這麼不懂感恩，那我一直以來把自己照顧好，不給家裡添麻煩；我一直打工賺錢養活自己，不給您負擔、還會給您孝親費；逢年過節還會做卡片、寄禮物去日本，有時也不忘給扶養過我的外公外婆還有阿姨，難道這些都不算是表達我的感謝嗎？

人家都說家裡是避風港，但對我來說，家裡之於我，是這世界上最冷酷的地方。這個所謂的家人是一點困難都不願意幫，還在我最困難的時候，狠狠地把我一腳踢開，跟我斷絕關係。我會給錢的時候，關係都尚可；但我有困難的時候，卻叫我連死了都不要告訴對方，甚至禁止姊姊、外婆、舅舅、舅媽

等家人和我聯絡。瞬間所有有一點血緣關係的人都變陌生人，連聯絡方式都沒有，這樣過了好多年。

後來的幾年裡，我姊連回台灣都只能偷偷和我見面，或是我去日本找姊姊，她都從來不發和我的任何一張合照，有一天我好奇問她：「為什麼妳的臉書、IG 都沒有我的半張照片呀？」她才支支吾吾的說怕媽媽會生氣，因為有被媽媽下令不准和我聯繫。我當時心想，都過這麼久了還需要這樣嗎？至於嗎？

我和媽媽，從那通電話之後，至今再也沒有聯絡，十多年了，連彼此的面都沒見到。

而這「又」一次的窮到差點露宿街頭，除了有姊姊和繼父的幫忙，剩餘大部分，由後來挖掘我的經紀公司，幫我度過了這次困境。

我只是真的不想再演了

不幸的角落，比你想的還多

我找不到理由，

說服自己孝順。

我不知道如何，

和媽媽和好……

如果你不曾感受過，

就別再苦勸。

這些年來，陸陸續續身邊很多人，都會叫我去和媽媽道歉，去找媽媽和好，總是不斷叫我應該要懂得孝順，脾氣不要這麼拗，這樣很不孝。媽媽年紀也大了，不要等到人走了才知道後悔，後悔就來不及了……

可是，我真的不理解「我做錯了什麼事情，我需要低頭去道歉？需要去哀求和好」，這麼多年了，我總是捫心自問，但我真的找不到一個能說服自己的理由……

我好像一直都是熱臉貼冷屁股的那一個，從小讀好書都是為了得到她的認同，努力賺錢存錢也為了得到她的愛，我好像一生所有的努力，都為了討好我的母親，希望有一天我也能得到她的認可、也能得到溫暖的母愛。就連那通電話後，隔幾天雖是心碎但還是捨不得。

為了挽回關係，我還是鼓起勇氣撥了電話給媽媽，但她沒有接，此生我也再沒勇氣主動聯繫了。

## 未經他人苦，莫勸他人善

有時候道歉不是真的因為覺得自己錯了，而是因為我愛妳，所以我願意放下我的自尊。但於這段母女關係裡，我真的沒有得到太多的愛，微薄到無法支撐起，一次次破碎絕望的心。

對我來說，傷痛的關鍵真的不是媽媽當初如何毒打我、不要我、把我賣掉、或一直把我流放……那些我都可以理解，當時媽媽是在生病的狀態，她也許都自顧不暇了，真的很難付出愛，給一個在當時不可控的意識裡，認定是來造孽的孩子身上。所以那些過往我都可以不計較、不在乎。

真正讓我絕望的是，我一直這麼努力做好一個乖孩子的本份；不計前嫌之外

我還竭盡所能地孝順；一直遭到不公平待遇我也默默從不吭聲，而後竟然是我第一次有困難，逼不得已才求助，卻受到如此對待，被一腳踢開後，還杜絕我所有聯繫，甚至汙衊我、批判我是個多差勁的孩子，好像一直以來我所有的努力，都不被看見之外，還被狠狠蹧躂了。

世人總愛用「天下無不是的父母」來說大道理、或道德綁架他人，好像不管父母做什麼，孩子都得照單全收，更是一定要「孝順」回報。但這天底下，「不是的父母」可多了！有多不是，只是你們沒有看到而已。

除了我自己的經歷，我也在關懷之家，看到很多一出生就被丟包在機構門口的、父母關係不正常，還讓孩子一出生就有先天性愛滋病的；也在教養院看過，很多身心障礙不健全的孩子，被丟棄在教養院再也沒去看過小孩，更不用說扶養了⋯⋯

真的不要再說「沒有爸媽是不愛自己孩子的」，這天底下常人看不見的不幸角落其實很多，不要用你的視野，來概括所有人的狀態，更不要教別人應該怎麼做。

> 我不是你，你不是我，我們其實都無法體驗對方的痛苦。這世上，沒有一個人，能真正感同身受另外一個人。所以更不要隨意評斷別人應該要怎麼做。

沒有人，天生喜歡帶著恨活著；沒有人，天生喜歡自我折磨。如果真的放不下，一直跟對方說「應該」要放下、「應該」要去和解、你這樣做是「不對」的⋯⋯其實都只會讓這個受傷的人更孤獨、更痛苦。

所以「未經他人苦，莫勸他人善」。

大約 22、23 歲那年母親節，我抽空回外婆、舅舅舅媽家，買一些東西給他們，想著畢竟他們有養育過我，回去送禮表示感謝並關心近況。但回去真的好難受，整個對談都不斷被教育著，應該要去和媽媽如何如何，一邊被數落著：「妳媽媽真的很辛苦，要走演藝事業這行就是要孝順，要懂得飲水思源，才會走得長久，一個小孩子不要那麼愛計較⋯⋯」隨後便拿出一大疊媽媽和姊姊積欠的健保帳單，要我幫忙去繳清，甚至跟我說因為我媽之前負債，養育我的費用都是親戚們幫忙代墊的，要我也去為童年的我繳清這些債務。

我表示健保費我可以去繳，但從小的那些債務我不想付，付了我生活會過得很吃緊，於是開始被大人們指責自己真的很不孝。離開以後，跳上計程車，眼淚不爭氣的落下來，我真的覺得好委屈，也覺得，我再也不想回來了⋯⋯

> 我到底要為自己的人生負責任到什麼程度？

當時後來剛好和男友有約，男友看我悶悶不樂，還問我怎麼了？我哭著跟他

說回家後發生的一切，他回應我：「那妳就大方一點還掉啊！」連當時覺得很親近的人，都這樣回應我，我真的覺得好難過，難道我就非得要做到這種程度，我才是孝順的嗎？

這不是有沒有錢的問題，是感受的問題。哪個小孩，會從出生就要為自己的所有開銷負責，我這麼小就開始自給自足，沒跟家裡多拿錢還不夠，難道真的要成為一個終生「自己養活自己」的人嗎？

### 我真的不想再演了，
### 坦承卻要被說在裝可憐

近幾年聽姊姊說，媽媽會經常搜尋我的新聞，原以為媽媽其實有在關心我，後來發現，媽媽只是在看我有沒有公開在節目上或媒體上講到有關她的事。

我所分享的經歷，目的都不是為了傷害她，而是我不想再說謊了，我不想再假裝一切都正常，當他人出於善意的關心起更多家裡狀況時，我總是支支吾吾不知道該怎麼回應，神色很是尷尬，經常把場面弄得很僵。我真的不想再演了⋯⋯我只是想和大家一樣，誠實的回應家裡狀況；只是想和大家一樣，真實的分享我是怎麼長大的而已。只是我的狀況比較特殊、經常會讓人想問得更多，甚至節目、記者都愛下聳動標題。

其實剛出道的前幾年我從來不正面回應這些事，因為我不知道該怎麼說。女團出道時，總是會在訪談中被問道：「那家人支持妳們走這行嗎？終於發片了家人有說什麼嗎？」輪到我回應時，當時年紀小還不懂得如何妥善應對，團員都會幫我緩頰說：「我們就是她的家人喔～我們都很為她開心喔～」記者或主持人也經常會滿頭問號，似懂非懂的說：「哦……好。」當然也遇過繼續追問的，我就會很尷尬，團員都會幫我擋下。

有人知道我是中日混血也總是會問：「那妳在日本長大的嗎？好好喔～」、「跟家人都講日文吧？那妳日文應該很好。」、「住在日本哪裡？爸爸教妳日文的嗎？」甚至會直接用一些日文開始問候我……其實根本沒跟自己的家人住在一起的我，甚至不認識自己的日本爸爸，更不曾接觸過，當然就沒有大家所預想的我很會日文，所以都會非常尷尬，還因此曾經被不太熟的朋友開玩笑叫我「假日本人」，網友也嘲笑過：「好好笑，她是日本人不會講日文，很鬧。」其實對我來說真的很可悲，一點都不好笑。我根本沒有跟原生家庭生活在一起過，我就是一個人被放在台灣獨立長大的。

曾經有個前輩在錄影空檔，語重心長和我說：「妳應該去把日文學好，善用妳的優勢，回家多跟爸爸練習日文啊～」很怕誠實回應：「我沒有爸爸。」後氣氛會凝結、會讓眼前這個人很尷尬，於是我總是語塞、半推半就的隨便應付了事，但其實我真的很不舒服，也不喜歡這樣的場面。我打從心底寧可自己沒有這個「中日混血」的身分優勢，我並不覺得這個身分真的屬於我，

我根本不認識我的爸爸。

有次有個節目是每個來賓要分享各自的成長故事、和家人發生過最感動的事之類的，當時的我身旁沒有團員幫我掩護，前面光聽到別人的故事我就覺得好羨慕，莫名就哭了起來，輪到我的時候，我幾乎回答得零零落落，半真半假的、真的不知道該怎麼表達，記得當時溫暖的鬼哥還要我隔著鏡頭對媽媽說話。

我，真的不知道要說什麼⋯⋯我就一直哭，也說不出到底是怎麼了，所以主持人們也只能憑藉著自己的推測來安慰我：「媽媽一定會為妳感到驕傲。」我聽到後更是難過了，總是隱瞞又不擅言辭的我，在當下就只有一直哭⋯⋯一直哭⋯⋯也許是年紀太小，根本不知道該怎麼回應這場面。

## 選擇誠實面對，
## 期待帶來更多正面影響力

後來因緣際會之下，被當時合作的宣傳公司長輩說服了，才決定坦承自己的身世與經歷。而當時他們衷心建議的一番話，至今都影響我好多好多，在我很多自我懷疑的時刻，都會想起當時這一番話。

當時正值第二張唱片發行前，宣傳公司長輩問我們有沒有需要在記者訪問時，刻意避開的敏感話題，例如曾經的爭議事件、緋聞等之類不想被提及的問題。當時我便提出要求：「幫我避開家庭有關的任何問題，什麼父母支不支持呀、發片家人反應之類的，請記者都跳過我，不要問到我可以嗎？」

「可是這個問題很正常耶，幾乎是所有記者都會問到的基本問題。」宣傳公司的人回應。「我知道，之前就經常被問到，但我其實不是很想再被問到關於這方面的任何問題了。」年紀小的我總是不懂應對，每次都需要團員幫我緩頰，面對這些問題時，心理上也會不太舒服，於是想說能避免就盡量避免。

「那我們能冒昧的問一下原因嗎？如果不方便說也沒關係，只是我們得想個合理的理由去說服記者不要問妳這種問題。」徵求我的同意後，經紀人直接幫我回應：「因為她環境比較特殊一點，她不是在父母身邊長大的，她其實是……」大概的概述了我的成長環境後……

宣傳公司的長輩們去門外討論了許久，進來後告訴我：「篠崎，我們很心疼妳的遭遇，也知道這樣要求妳，妳可能會覺得不舒服。但 XX 哥我希望以一個過來人的角度，其實我們更傾向鼓勵妳真實地說出來，妳應該要擁抱妳的經歷跟故事，妳的故事很特殊，在圈內很少有這樣的例子，妳說出來其實會激勵到很多類似環境成長的小孩，這世界上一定有很多像妳這樣環境不健全的，雖然可能未必到妳這種程度，可能是單親或是爺爺奶奶帶大的，但這些

孩子通常比較沒有自信、覺得自己缺少了什麼……妳如果願意分享，會讓他們看見希望，原來即使環境不順遂，也能懷抱夢想，靠著自己的努力站上舞台、發光發熱，妳會鼓勵到很多人。」

我想了一下後回覆說：「可是我這樣講出來，會不會覺得我是在裝可憐什麼的……我不想創造出這種形象。」

「可能會有一部分人這樣覺得，但妳應該更聚焦在能為別人帶來的力量，重點是妳經歷了這些，但妳活成今天的樣子，這是最難能可貴的。」

「嗯……讓我回去想一下……」我開始動搖了。

「沒關係我們也不會勉強妳，如果真的很不舒服、真的不想說也沒關係，我們理解的，我們只是想告訴妳，這件事情會帶來很多正面的影響，所以我們鼓勵妳說出來。」當時在我眼裡，散發出慈父慈母光輝的長輩們，面帶微笑並抱抱我的說道。

思慮了幾天，回首青春期時，一直假裝自己是家庭美滿且富有的，我是個正常的幸福孩子。到後來正式被母親斷絕關係後，每每被問起相關問題，我總是不知所措、需要別人的幫助，也覺得自己造成了別人的困擾……其實一直以來我既演得不好、更是演得好疲乏了，我還要逃避多久？不能誠實示人其

實是一件非常精神折磨的事。所以，深思熟慮了幾天之後，我選擇聽從長輩們的建議，開始選擇誠實面對。而當我坦誠了之後，真的收到了雪片般的鼓勵和反饋，他們告訴我：「我的經歷讓他們意識到自己其實已經很幸福、擁有很多了，甚至帶給他們很多的激勵與啟發，讓他們的生命重燃希望。」我才開始意識到，原來這是真的會帶給人正面影響的、是有正面意義的。當然於我個人而言，我終於舒坦多了，我不用再演、再騙、再逃避了。

每當記者或主持人知道是這樣的生長環境時，往往激起他們的好奇心，問出更多問題：「那為什麼會在寄養家庭？妳的爸媽呢？」、「為什麼媽媽要打妳？」、「為什麼媽媽不要妳？」、「那寄養家庭有發生什麼恐怖的事嗎？」、「有被家暴的經歷嗎？」、「那妳當時怎麼克服的？」諸如此類，探討出更多的「故事」，然後往往被記者或節目下了聳動標題，也許是這樣的經歷在圈內算很「特殊」，所以各大平台或其他媒體也都喜歡大肆轉載，彷彿我這個人的代表就是悲慘身世？

當然每件事情，有正就會有反，有得到就會有失去。鼓勵到了很多類似處境的人，也會讓很多人覺得「她整天在賣慘、裝可憐」，哪怕這真的不是我的本意，還是會被放大、曲解成惡意，其實我就只是想勇敢的選擇脫下這穿了二十多年看似家庭美滿的戲服，實在不想再演了，也不想再被問那些會讓我不知所措的問題了，才會選擇誠實面對的……但其實選擇坦承的前幾年，我也沒有完全的誠實，不知是因為對自己的情緒還沒有太了解，還是自己仍會

想創造出一部分的正面形象，我把自己包裝成已經放下過去的所有、早已不在意那些經歷，不計前嫌、正向的形象。

後來是上了課之後，與自己的意識有了更深的連結，理解到自己其實並還沒有真正的放下，剛好當時收到了小賴的邀約，去上了他的 YT 節目《一日飯局》的訪談中，才算是我第一次真正的跨出去，終於真正「更坦承」自己的過往，也是第一次比較完整且真實的分享，也如實說出自己的不完美，還有其實還沒放下、還帶著恨等負面情緒，其實我也不是多偉大、多正向的大好人。這個訪談，我很真實，我以前可能會不敢講一些自己的黑暗面，怕不被接受，但我開始慢慢學著擁抱各個面向的自己。

後來珊妮老師聽了我的故事，也把這段經歷寫成了〈你是被愛的〉歌詞，希望透過我的故事和音樂，傳遞一些能量給正經歷黑暗的角落，就算一路從經歷黑暗到包容黑暗，最後仍然要相信愛、無論如何都要相信自己是被愛著的。

## 坦承的代價，
## 親戚們的譴責與責怪

當然，另一方面，我得到了坦承後的舒服，也付上了坦承的代價。我母親那

邊的親戚們，開始氣得跳腳，十多年來都沒關心過我，卻在這時候跑出來奮力撻伐我，認為我不應該說出這些事，罵我不懂孝道、家醜不得外揚，我真的很可惡，罵我：「沒想到妳連狗都不如、養狗都比養妳好、妳是隻帶著劇毒的箭蛙……」種種難堪的字詞來譴責我，甚至多次揚言要為此鬧上媒體，而我耐心回覆自己心裡的創傷和選擇坦承的本意，非但不被理解，更是堅持絕對不收回說我連狗都不如這句話，親戚說：「媽媽對妳是肉體的傷害，而妳對媽媽是無形的傷害。有狠心的媽媽，妳就要變成狠心的女兒嗎？妳去養隻狗，痛打牠然後再呼喚牠的名字，牠肯定還是會搖尾巴奔向妳，所以妳連狗都不如，沒狠打妳巴掌我已是善良……」而後我便是直接被拉黑封鎖了。

過一陣子後，我還聽表妹說，她們每天詛咒我下地獄、說我是魔鬼、會不得好死……我心力交瘁，只是真實說出自己的經歷，為什麼就成了十惡不赦的罪人了？對我說出這些刺入骨裡的批判、甚至日夜詛咒我的，竟然都是和我有血緣關係的「家人」……

我曾經為此自我懷疑了好久好久，天天以淚洗面，不斷自問：
我不想再演好好的人，我想做個真實的人，錯了嗎？我誠實說出自己的經歷，真的做錯了嗎？我沒有資格說出發生在我身上的故事嗎？我從來沒有要傷害他人的意思，我永遠不會公布他們的姓名和樣貌，大家永遠都不會知道他們是誰。我就只是很單純的、想誠實地說出發生在我身上的事情，為什麼要有這麼大的反應？我只是想和大家一樣誠實的分享我的經歷，為什麼我就

成了千古罪人？

> 歷經缺陷，不一定要藏，而是去接受自己的不一樣，
> 我受過傷，但我一直讓自己再站起來，
> 經歷過那些負面種種，現在的正面樂觀才更難能可貴。
> 我的人生可以很偏，但我一直選擇走在正途上，
> 所以，我應該為自己受過的傷，感到驕傲，而不是一味的選擇逃
> 避或隱藏。

## 之於至親，
## 或許推開是因為恐懼面對不堪的自己

事隔多年，現在的我，有時夜深人靜會思考：「我是真的恨她嗎？還是恨那個討不到愛的自己？我恨她，是因為我有多愛她嗎？只是我始終不願意去承認，是這樣子嗎……」

我真的恨嗎？我還是經常透過姊姊，關心她過得怎麼樣？身體狀況怎麼樣？財務狀況怎麼樣？有沒有困難的地方需要幫忙？如果真的需要我的幫忙，我還是會想幫，那我真的恨她嗎？我時常這麼問著自己。

其實我想，我已經沒有恨了吧。就當作，我和母親就是沒有做母女的緣分，竟然她這麼希望我別再打擾她，那我愛她的方式就是離她越遠越好。像她所說的「互不打擾、各自安好」即可，但如果哪天真的有需要幫忙的事情，我還是會幫忙。

不過，真的不要再叫我主動去和解，從小到大，我真的已經主動太多太多太多次了，我無數次用盡全力的討好，換來的失望太多太多次了，我無力再承受更多了⋯⋯十年多來，我好不容易放下了一些，努力過好自己的人生，這樣就好了。也希望不要再用不孝之類的罪名加諸在我身上，你們真的無法體會我經歷了多少痛苦，這樣說真的會讓我很受傷。我也相信，如果她是真的愛我，其實有很多管道可以關心到我。

這些年來，看的事物多了，我發現，動物對於母愛的渴望是天性。就像細胞記憶一樣，是很難輕易斬斷的。哪怕記憶中沒有太多媽媽對我的關愛回憶，反倒多半是毒打的可怕畫面，總是會不自覺先想起那個被抓著頭，猛甩巴掌到飛出去的我，陰影大到我都跟交往的男友說：「如果你哪天真的受不了太想揍我了，可以拳擊我、踹我，但絕對絕對不能打我耳光⋯⋯」聽起來很荒謬，但其實我是很認真的，我覺得其他的攻擊我應該都還能承受，但耳光會讓我太直接地連結恐怖記憶，那對我來說太殘忍、太摧毀我的內心了⋯⋯所以從小到大，我對她都好害怕、卻又好想靠近，好想要她也可以愛我⋯⋯哪怕再恐懼、再心碎，我都渴望那份愛和認同，所以我發現，這真的是天性、是血緣、是細胞記憶般斬不斷的天性。

某天偶然頓悟，人對某些人產生的抗拒，並不是本身厭惡他這個人，「而是他的存在，會勾起你一些很不舒服的體驗」，從而會下意識的產生抗拒。如同我在頻道十萬 QA 講過我和姊姊的關係，其實我並不是真正討厭她，她這個人並沒有傷害我，而是她的存在、周圍人對待我們的偏心，傷害了我，讓我產生「為什麼好的都給她？」這種負面話語，我會覺得自己是「比較不好的、是不被愛的那一個」加上她都是跟著媽媽的關係，我們大多時候沒有生活在一起，所以以前我跟姊姊關係都很疏離，直到我上課後理解了自己情緒的根源，我才和自己和解，理解到這一切不舒服的體驗，其實都是被勾出來的，和「她」這個人無關，況且這樣的局面，她也是被大人支配下的產物，釐清並放下了這些之後，我才去和姊姊拉近關係的。

相同道理，或許她想把我推開，是因為看見我，總是會讓她看見太多不好的自己，勾起很多不舒服的體驗。可能是她的不負責任、她的沒有愛……她不想再與我有任何關聯，可能是因為恐懼，恐懼看見不想面對的自己。她多抗拒我，就如同我有抗拒她。

每當我們提起對方，可能就會有很多人問她，當年是怎麼養我的？怎麼對待我的？也就會有很多人跟我說要孝順，要和媽媽和解……某種程度我們很像，我無法體諒她，就如同她無法體諒我。

我花了很多很多時間，試著說服自己放下心中的恨，試著寬恕，我努力鍛鍊

自己看待任何事都是中立的。現在不敢説我完全放下了，但我大多時候能和這份本是抗拒到不行的體驗，有了較和平的關係，因為我領悟到——這世界上就是你付出了所有的努力，都強求不來的東西，那就是「愛」。

朋友、愛人之間是如此，親人亦是如此，我們無法因為另一個人拚命的討好，就能對他自然產生愛，這種體驗是自然而生，無法靠努力獲得。我的出生，便帶給她很多不幸與折磨，她本就無法愛一個帶給她「造孽與折磨」的個體。中立來看，這並沒有對錯，這世界本來就沒有什麼事是應該的，就連你的爸媽愛你，都不是他們應該的，那都是你的幸運。我應該看待自己本就是完整的個體，只是沒有那麼幸運，但並沒有比別人少了什麼。我想我所有對媽媽的恨，其實不是對於她這個人，而是恨那個要不到糖吃、討不到愛、那個卑微不堪的「自己」，我是太抗拒自己那卑微的一面；她在我姊姊生命中依然是一個好母親，她依然是一個很善良的好人，她只是無法愛我，僅此而已。

所以就當作，我們只是這一世，沒有成為母女的緣分。

只是沒有緣分，沒有對錯，我沒有缺失⋯⋯
這樣想，我會舒服一些；寬恕了他人，我才能放過自己。

最後在這裡，也想讓讀者做個小小練習，開始思考，如果你對你的兄弟姊妹有疙瘩，是不是也是因為被勾起不舒服的體驗，例如：

被放在一起比較，你總是比較差的那一個＝我不夠好

你是比較不受寵愛的那一個＝我是不被愛的

他總是吸走旁人的目光，他一在就沒人看見我了＝我沒那麼優秀

用在朋友、同事、前男女友之間都極有可能是這樣的狀況，其實他並沒有傷害你呀～你不需要真的去討厭一個人，你只需要釐清自己，然後你就能放下很多事了，人生會輕鬆許多。

Chapter 4　工作

# 旅　程

誤闖、迷茫，
而後找到自己存在的使命感

# 如何被發掘出道

接踵而來的壓力與為自己打拚的歷程

擁有了自己的名字，

成為了排擠的對象，

卻也是矚目的焦點。

誤打誤撞進入演藝圈，

開啟了另一段生命歷程。

我是國小畢業那年暑假，才擺脫幽靈人口，有了人生真正屬於自己的名字，也是到那時才知道，父親是日本人。而整個國中生涯，我都不敢承認自己「四個字」的姓名，雖然之前都沒有固定的姓名，但可能至少都是三個字的叫，突然硬是比旁人都多了一個字，特別不習慣，覺得自己是異類。

突如其來的「被告知」這件事，還來不及接受，在自我認知上有這麼大的變化；更還沒學會如何適應和旁人的差異，深怕自己的不同會受到排擠。但我

越逃避填寫真正的姓名，就有越來越多事實難以解釋。

國中時剛入學都要自我介紹，我都還是介紹自己「冠母姓＋名字後面二字」的姓名，但每次都會被某同學當場揭穿「才不是咧！她名字有四個字，她叛國賊啦！」班上同學就會開始議論紛紛我的姓名，老師也會困惑：「咦～對呀～妳的資料上面是四個字耶。」我就慌張地開始說謊：「沒有啦，那是我媽媽改嫁日本人，才會叫這個名字，但其實×××才是我本來的名字啦～叫我×××就好，拜託。」……好尷尬的好想趕快坐下，拜託趕快放過我。

## 我的名字，
## 為我帶來意想不到的困擾與關注

國中歷史課本有很大篇幅都在講述中日戰爭、南京大屠殺、慰安婦等，總在講到這些和日本有關的歷史故事時，就會有同學開玩笑跟老師說：「老師，我們班上有他們的後代，找她報仇啦！」同學們就會哄堂大笑。

還有一次，我的日記本被老師撿到沒收，我拜託老師還給我，老師就開玩笑說：「那妳說一次『釣魚台是我們的』，不然我就要唸妳的日記囉……」邊說邊翻著我的日記，深怕被朗誦自己內心世界的我，只好聽話唸了台詞，但其實我當時並不太懂那是什麼意思，只知道講了這句話同學都笑得很詭異。

後來有次在節目上講起這段經歷，網友都說我被霸凌了，我才知道原來這就算是霸凌。

感受到自己難以適應這個特殊身分和姓名，我甚至開始學台語，會在新的老師或同學又開始討論我的姓名時，已經習慣性回覆：「那是我媽媽改嫁日本人啦，哇洗逮丸郎～」也可能因為當時媽媽也剛好剛改嫁給一位日本人，所以這個謊言就更合理了。但其實母親改嫁的對象是姓氏只有一個字，乍看不像是日本姓氏。

就這樣勉強渡過國中三年，和姊姊也意識到，這樣騙下去真的不是辦法。很多文件、資料登記、證件……等都還是四個字的名字，我們也好難合理解釋，怎麼會有兩個名字？到底哪個才是真正的名字？於是我們就決定，高中就認了吧，承認我們就是日本姓的名字和身分。

不知是高中時期歷史課的重點轉移，不再是國中時期著重講「中日戰爭」，取而代之是國外歷史、世界史；還是隨著年齡增長，同學沒有那麼幼稚愛開玩笑了；又或是那時興起了「哈日風潮」，在我們承認自己的姓氏，也就是承認了自己一半來自日本的血統後，居然造成了一陣轟動。

轟動先從校園內開始，入學的前幾天，我們教室外面都擠得水洩不通，我總覺得自己好像在動物園。是隻被搶著觀看的動物，好多學長姐都擠在教室外

面想看我，想找我去參加社團、加入班聯會。甚至因為過度受關注，而被老師安排到柱子後面的垃圾桶旁，那是從窗外看不到的一個獨立座位，更被下令上課鐘響後，人潮散去我才能去上廁所，因為已對其他同學造成嚴重困擾，害同學都不敢出教室⋯⋯一瞬間受到如此強烈矚目，我真的很不習慣。

## 初嘗人生從沒想過的爆紅，
## 卻帶給我難以承受的巨大壓力

由於在家總是沒有真正「回家」的放鬆感，我高中時期開始會使用各種正當理由拖到最後一刻再回家。當時，因為學長姐的邀請開始在學校參與了社團或學校服務活動，讓我體驗了很多不一樣的領域，擁有很多新鮮感、成就感。也終於能夠藉著社團，擁有免費學習才藝的機會。因為小時候有過動症傾向，我覺得自己應該很適合去學跳舞，於是加入了「熱舞社」，也在學長姐的熱烈邀請下，加入了「班聯會」。

漸漸地，我多次在熱舞社和夥伴一起從零到一百完成舞台表演、在班聯會和夥伴一起籌備校園活動等，多次體驗到一群人一起努力完成一件事情，那圓滿的感動和掌聲，過程中辛苦的汗水都是甜的。這些過程，都帶給我前所未有的新鮮與成就感，體驗這些成就感遠遠大於以前用力苦讀拚搏換取的「考一百分」。從此，讀書不再是我人生唯一的目標了！高中三年，是我人生一

段「開啟很多可能性」的時期，是我求學過程裡最精彩、豐富、好玩的寶貴時光。

當然另一方面，隨著討論度的提高，也傳出了很多校園八卦，最誇張是某次傳言我勾搭某高三學長，欺騙對方感情，走在走廊上都被指指點點，也知道學長姐們都為了此事議論紛紛。為了證明清白，我甚至提出可以跟那位他們口中的「受害者」，當面對質給大家看！我根本沒有認識什麼高三學長，何來的戀情，甚至欺騙？但都沒有人要理會我，繼續恣意造謠抹黑。當時我第一次體驗到高關注帶來的造謠詆毀，一開始非常不能接受，自己突然就被冠上這種莫須有的罪名，高一的時候，有好一段時間成天以淚洗面。

在那之後，某部分的我似乎被迫開啟了「類藝人狀態」，除了在學校被一窩蜂地觀看、開始傳出流言蜚語，高中時流行無名小站，我的無名小站也意外受到許多矚目。開始有人找我去當外拍模特兒，週末若幸運排滿拍照行程，可以賺到近兩萬元，對當時還是學生的我來說，算是很優渥的薪水收入，而我也開始會用賺來的錢，買想要的東西，如：手機、相機、衣服等，對於辛苦打工多年來都只能領微薄薪水的我來說，這是個非常棒的工作！

有了外拍的收入，我買了夢寐以求的相機、手機，高三也成為全校前幾個有iPhone 的人，或許是青春期的虛榮心作祟，也或許是過去內心對於家世難以啟齒的黑洞，我開始刻意形塑「我家很有錢」的形象。我和同學說，我家

是醫生世家，我爸在日本當醫生，我媽是護士（繼父真的是日本骨科醫生，有開診所，媽媽則是在自家診所幫忙，並不是真正的護理師。但也真的收入不錯，只是沒給我這麼豐厚的零用錢）。在這真真假假混雜的身世之間，我試圖塑造自己是「幸福的孩子」的假象。

或許是特別的姓名，也或許是流量暴增的無名小站，又或許是校園間的討論聲量。有一天一個以校園風雲人物為題的節目《蝴蝶蝴蝶生ㄉ真美麗》來到我的高中，製作單位行前會來學校和同學們打聽「誰是這個校園中風雲人物？」當時據製作單位說，最多學生回答的居然是我！我因而迎來人生中第一次上節目的機會。

但從小害怕備受矚目的我，實在沒想過要上電視，甚至打從心底抗拒被關注。當初接外拍也是因為對於高中的我來說，那是最容易賺錢的工作，能用自己賺的錢換得一些屬於自己的物品。但我人生中真的從來沒想過要當藝人啊！

高中下課後走在西門町和東區，經常遇到《我愛黑澀會》的工作人員，邀約我去節目當班底，不管他開出多誘人的條件，我都用課業壓力、沒時間準備才藝、壓力太大等理由，各種拒絕，而不管我說出什麼理由，他都有辦法講出克服該障礙的辦法。最後只好推託說我要經過家人同意，因為給不出爸媽的電話，只好勉強留了自己的電話，再拜託同學的媽媽假裝成我的媽媽，幫

我回絕製作單位：「我女兒念書都來不及了！她要好好考大學，沒有要走什麼演藝圈！不要再打來了，我不可能讓我女兒去的。」

所以後來這個製作單位打來邀約，我一開始當然又是百般的拒絕，還直接跟節目組說我去幫他們找校花學姐，拜託不要找我，學姐真的更漂亮……但節目組真的是窮追不捨，堅持比較多同學說是我，加上中日混血的關係認為會有話題，前前後後打了八次電話來懇求，表明：「如果妳拒絕了，這集節目會以任務失敗收場，因為沒找到傳說中的人，就不好看了，拜託嘛～～幫個忙。」又跟我說：「前面都是走訪校園一些社團，這樣也可以讓你們學校其他社團被看到，對同學來說是寶貴的機會。妳放心，妳只會出現在節目最後五分鐘，簡單自我介紹，讓我們宣告任務成功就好，不會曝光太久的。」於是我只好勉為其難的答應了。

沒想到，這集節目竟然創下史上最高收視率，我的世界開始不一樣了，一堆人瘋傳我在 PTT 表特版被推爆的消息，我當時甚至不知道那是什麼！據說網友給我「真人版蘿莉」的稱號。開始每天都會接到星探的電話，學校門口會有人等我出來要簽名，每天無名小站都有兩、三萬瀏覽人次，經常登上無名小站首頁，一堆經紀約紛紛找上門……我真的嚇壞，不知道要如何承受突如其來更多的目光。

眾多經紀公司打來的電話，我全都是用：「我沒有想當藝人，我只想好好完

成學業。」為由一一拒絕了。其中有一家特別有耐心，打來了好多次，甚至用對我有何演藝規劃、會幫我發作品、也捧紅過不少宅男女神等理由來誘惑我，殊不知越讓我知道這些，我就越抗拒。

他們就困惑了，問著：「那妳不想紅，怎麼會去外拍呢？」我不假思索地回：「因為好賺呀～我想賺錢。」於是他們開始換了一個面向說服我：「那妳拍一次照可以賺多少錢？要準備多少套衣服？還要風吹雨打、會被蚊子咬、又相對危險。我們幫妳接通告的話，妳看錄影都在室內、還有我們會幫妳接洽不用留妳的手機號碼、我們還會陪妳工作，保護妳的安全……而且，妳錄節目一集大概一小時，跟妳拍照一下午的錢差不多，甚至可能更多喔……」聽到這裡我眼睛瞬間為之一亮，我就又被說服了！哈哈哈哈哈。

這個經紀公司用「最美高中生」、「最美蘿莉」等等走紅的網路封號，幫我陸續接了零星通告，那時候勉強只能稱得上是網路紅人的我，因為這些節目，我又受到更大的關注了。但我不太能適應演藝生態，一來是經常需要跟學校請假，學校其實是不太能請假的，我差點因為缺課過多畢不了業；二來是自己生性害羞又不擅言辭，常常明明 set 好的故事我都沒講，經常下了通告被經紀人叨唸了一頓；又或是經常節目前兩天才收到通知，都要上學的我根本來不及準備表演，常常都是當天錄影前才學舞蹈，好幾次硬著頭皮上場，且根本不會穿高跟鞋的我，還被迫要穿高跟鞋跳舞，表現不好又被網友罵……種種的不適應，加上後來媽媽和公司鬧翻，於是和這間公司僅合作半

年，我就被冷凍，高中畢業後也回歸素人身分了。

我也開始發現，越受到關注，就要承擔相對應大的詆毀。我其實有點承受不住，精神壓力大到，除了經常會爆哭、也開始會自殘，高三後期甚至有過輕生的念頭。我從一開始毫不排斥認識新朋友，在無名小站約見面我幾乎都會答應；到高中後半段，我越來越看見爆紅背後的傷害，是連辯解的機會都沒有的，我變得越來越封閉，變得比較不愛社交，至今也沒用過交友軟體。

## 那些讓人意想不到的工作經歷，
## 簡直視錢如命

小時候雖然鮮少看到媽媽，但經常聽見媽媽在借錢，加上常聽外婆總是誇獎：「拿越多錢回家就是最孝順的好孩子。」於是小小年紀的我，除了存錢以外、還很想賺錢，趁媽媽回家時就可以多給媽媽一點孝親費。我除了把所有獎學金都存下來，還竭盡所能地花最少的零用錢、打最多的工，雖然小時候打工能賺到的錢並不多，一天零用錢只有 50 元，買完早餐只剩 30 元可以存下來，但積少成多、積沙成塔，能給媽媽多一點是一點，好希望媽媽因而多愛我一點點。

我的工作經歷，想來也是五花八門。小學四年級的時候，我在學校福利社打

工，為了賺一個月 200 元的打工費，我每節課下課前 5 到 10 分鐘就要趕緊從教室跑去福利社，幫忙上架和整理商品，下課期間幫忙結帳，上課了又要在同學結完帳後，趕緊跑回教室上課，每節課就這樣樓梯上上下下來回奔跑。

有時候，一整天下來，如果福利社的麵包有賣剩的，我們打工的人就可以免費拿走，我就會超級開心，這樣明天的早餐錢就可以省下來了！擔任福利社結帳人員久了，也因而把自己的心算速度訓練起來。

從小愛讀書、認真上課的我，日常也不放過任何一點能賺到小錢的機會。我會借同學筆記，幫同學代寫作業，甚至因為家裡狀況特殊，老師都知道我聯絡簿、成績單、同意書等需要家長簽名的文件，我都是自己簽的。於是模仿大人簽名也成為我的一項技能，偶爾幫同學考卷或聯絡簿簽名……種種小地方，賺取一個個 5 元、10 元，隨著代寫作業的難易度也會調整費用，例如：寒暑假作業特別多，就會開價 500 元。長大後回想起都覺得自己好像什麼小奸商，我都開玩笑自嘲自己從小就開始斂財！

有時也會去親戚、鄰居家幫忙打掃，一次可以賺 1,000 元。就像現在家政清潔工的概念，我清馬桶時會拿海綿徒手進去搓死角、擦地板時都會跪地上徒手把一個個清不掉的小髒汙摳掉。要清得比別人厲害，就是要注重更多小細節、更不怕髒、不怕累，雖然常常打掃完手都會破破皺皺的、腰會好痠好痠，

但凡事拚盡全力解決問題的性格似乎也在此時養成了。

國小的週末或寒暑假，還會到親戚開的自助餐店幫忙，一天有 100 元。每天早上 6、7 點就要起床去店裡準備，在自助餐店忙進忙出，切菜、洗菜、端盤子、擦桌子、拖地等，甚至彷彿練就鐵沙掌，端菜可以不怕盤子燙。另一方面，也在這段時間發現自己從小愛逞強的性格，竟然也有破防的時候！小時候和姊姊玩時，姊姊會用指甲夾住我手的一小塊皮膚再拔起來，常常都流血了。她會問我：「痛不痛？痛嗎？」我每次都堅持說：「不痛。」還會露出一種驕傲姿態，我越不痛她就拔得越起勁，常常玩得我滿手是血。有次一起在自助餐店準備時，她就拿我的手去貼著熱鍋子，雖然我仍會逞強說：「不痛。」但因為太燙了，手反射性縮回來，我姊姊就會笑：「騙人～明明就很痛，妳縮手了。」當時真的是很痛欸！手心整整脫了一層皮下來，發現燙傷應該是這世上最痛的外傷了。

國中寒假的時候還跟著大姊去魚市場打過工，那是阿姨的攤販，過年前夕是市場一年之中最忙碌的時段。那時候每天晚上 6、7 點就要睡，凌晨 1、2 點就要上工，去市場清點魚貨、調貨，幫忙上架商品。魚市場都濕濕冷冷、又臭臭的，我從小就體虛特別怕冷，經常一邊發抖到不行一邊工作著，還常常滑倒。最幽默的是每次進出冷凍庫找貨品時，常常都已經穿兩層羽絨外套了，我進去冷凍庫大概不到 30 秒就受不了跑出來，來來回回好多次都還沒找到該拿的東西，見狀的大哥哥就會幫我：「妳要找什麼啦，我進去順便幫

妳拿。」我幾乎沒有一次是只靠自己的力量，成功找到東西過。

最崩潰的莫過於遇到客人買蟹肉棒時，要求要先把外層的膜去掉，常常手凍到刺痛又難以控制，去膜去得很是痛苦，我看阿姨的手永遠都凍傷腫腫的。因此長大以後，我都覺得這些工作很辛苦，不是非要對方弄的東西我大多都自己處理。還有市場真的好多老鼠，經常被嚇個半死。經過市場的工作，也意外獲得「手感秤重」的技能，我可以不需要用秤量，徒手拿舉就可以知道東西大概幾兩重，還受封「市場一枝花」的稱號。但市場真的是我工作生涯中最辛苦的一項了。

國中也有到補習班打工，擔任打電話招生的工讀生，那工作對我來説真是太無聊了，完全找不到成就感和樂趣，是壽命最短的工作。

高中時無名小站開始獲得一些流量以後，接觸到了外拍、網拍 model、零星通告的工作，我接的外拍全都是團拍，也就是一次一位 model 配十至二十位攝影師，給攝影師拍攝累積作品，一場通常 3 小時左右，會換三套衣服，到一個地方不同景點擺拍，拍攝後的作品我也可以發到無名相簿，給自己累積回憶，一場下來通常有幾千元，週末排滿的話可以賺到近兩萬元，是我從小到大所有打工經歷裡頭，收入最優渥的了。

但也開始會在意自己在同學眼中的樣子，希望自己在同學面前有面子，開始

努力賺錢給自己買喜歡的東西，好撐起家人在日本是醫生世家，且對我很
好、給我很多零用錢的美麗謊言。高中畢業後，我更是獨立出來自己住、自
己負擔起所有的生活開銷，我沒有家可以依靠，如果出事了、突然沒工作了，
是完全沒有後盾的。這樣的狀態，也讓我即使長大了，仍然一以貫之都很重
視錢，所以我一直以來都拚了命的努力掙錢，努力支撐起自己、成為自己的
後盾。

## 無論什麼身分，
## 都持續想辦法賺錢

高中畢業後被冷凍的期間，我經營起了網拍事業。除了拍賣自己的二手衣物
之外，也會到五分埔批貨來賣、還有做起日本藥妝代購，可能因為之前爆紅
的關係，流量帶來的銷量也不錯，雖然收入不算是穩定，但至少也讓我支撐
起一陣子自給自足的日子，還能存到錢飛去日本找家人。網拍行銷的經驗，
除了讓我練就很會包貨寄貨、回覆顧客問題之外，更讓我訓練起很會形容商
品特點、帶出產品優勢的技能，對我日後接業配、工商上，有很大的幫助。

後來因緣際會下，以女團身分正式出道成為藝人。大學四年都是半工半讀的
生活。那時為了多賺一些錢，從事了三份工作並兼顧著學生的身分。除了白
天會以藝人身分練習、跑通告、商演之外，晚上下課回到家還會開直播，下

播再處理網拍訂單、包貨寄貨，經常一天只睡 3 ～ 4 小時……因為一個人生活，開銷真的好大，而且我想趕快買到屬於自己的房子，小時候顛沛流離已經很沒有歸屬感了，長大後搬出來住更是每年都在搬家，一直遷徙的生活真的很麻煩、心裡也很空虛，實在……不想再過著一直搬家的人生了，所以我比從前又更加努力、用力地賺錢了。

現在身兼 KOL 接業配、拍 YouTube 的時候，我發現我會知道大部分人可能需要或想要知道哪些資訊，不能只給一個太籠統的大方向，比如說哪裡買、價格、和其他產品比較的細節，或需要一些比較真實的使用心得。很多看我影片的觀眾的反饋都是，我拍的影片相較其他 YouTuber 的影片資訊量可能比較大，字卡很詳細之類的。

我一開始覺得滿驚喜的，也發現這些能力來自我過去這些經驗，讓我特別能站在消費者的角度思考；也能把這些考量的點分析給廠商聽，說服廠商比起一些落落長的產品資訊，我們有能讓大家更有感、更想看的方式；甚至，因為這些想法是真的經過試用後真心喜歡，進而融會貫通在我的生活中，所以拍攝時我只要整理好我要表達的大方向，其他只要真實說出體驗和感想，大部分都表達通暢不太會詞窮。

那些年的隻字片語

> 「經歷，是別人怎麼也竊不走的財富。」工作經歷亦是。每一份工作都會有所獲得，那份獲得不一定是優渥的薪資，更重要的是從中學習了什麼，這些學習到的東西，日後一定會有其用武之地。不用太急著想趕快找到人生夢想、那份人生志業，我反倒鼓勵多去嘗試、多去探索自己，探索自己在哪個領域特別擅長、做哪些事情特別有熱情，更重要的是從中找到成就感的來源、找到自我價值。

## 直播長達七年，
## 意外練就隱藏猜歌技能

總是竭盡所能賺錢，拚了命要達到今日的業績目標，我直播常常一連開好幾小時，甚至好幾次從晚上 8 點連續直播到隔天早上 7 點。同時想兼顧課業的時候，會一邊開著直播，一邊打字做報告，甚至有了「報告主播」的稱號。那時候一忙報告，就會跟直播鏡頭說：「不好意思，你們等我一下喔！」常常一等就是兩、三個小時，也沒什麼講話做互動，真的很謝謝有一群人，就這樣靜靜地看我做報告。

有些時候真的有心事，回到家也沒有人可以訴說，逢年過節，也沒有家人陪伴，我就會開著直播聊一聊，彼此相互陪伴。如果當初沒有人陪我講話、陪

我獨自做很多事情、鼓勵我幫我重建信心、陪伴我度過孤單的節日……我真的不知道那些夜深人靜的日子要怎麼過。觀眾可能也透過看直播得到療癒，或是很晚還要加班，開著聽也是一種陪伴，這些陪伴對我來說其實都是很大的支持。

長期自我價值低落的我，在女團時期其實是我對自己最沒有自信的時光，尤其是在唱歌這方面。很感謝直播間裡的大家，從不吝嗇給予讚美跟鼓勵，有時候還會寫私訊告訴我，我的聲音療癒了他多少、陪他度過難關、甚至走出低潮……才讓我看見，這世界上有人是會喜歡我的聲音的，我可能也沒有公司說的那麼糟，讓我看待自己終於還有一點價值。很多人看直播產業覺得是個很黑暗的東西，但我其實很感謝那段期間，真的對我幫助非常非常大。

我雖然拚了命要賺錢，但依然堅守自我，從沒有用過一些直播常見的騙財、代操、經營戀愛粉之類的手法，寧可經常播到都沒睡覺、寧可唱到喉嚨長期出血、寧可姿勢不良導致膝蓋積水過、甚至自律神經失調影響了身心、還被刷手酸過：「妳這樣播永遠播不起來的啦。」……即使我再努力，都還是無法像有些主播能輕鬆月入好幾百萬賺大錢，但我寧願賺得比較辛苦、爬得比較慢，也不願讓自己走向任何一點偏差，我依然堅持做個正直的人。

雖然直播真的很辛苦、很多時候也很內耗身心、精神壓力很大……但我還是堅持了七年多，這些年來，不管我有多忙、多累，身體狀況多麼不允許，我

還是都熬過來了。平台要領到底薪有規定直播基本天數、時數和業績，需要播滿20天或75小時／15天、30小時／1個月。業績則是我壓力最大的地方，所以常常為了業績壓力消磨了一些直播美好的成分。

每當唱片宣傳期、學校期末考期、或是這幾年身兼更多職之後，都特別難兼顧，真的無數次想過要放棄。為了直播犧牲了好多社交機會和休息時間，誇張到曾經為了達標，即使手術後一個月不能說話，我都還是繼續播……經常忙碌又得兼顧直播讓我睡太少，連帶影響了本業表現，甚至自律神經和身心狀況，最誇張是一度肝指數過高，差點爆肝、其他器官也接連出問題，才被迫休息，但我只休息了一個月還是繼續播了。

能讓我堅持這麼久，當然一定也有很多很好的地方。除了多一分較穩定且不錯的收入之外，像是直播時我總是比起其他演藝工作，來得更輕鬆自在。能說想說的話、不用被設定腳本、或怕插話影響別人，能做自己的成分很高；也能任意唱歌、表演，演藝圈不一定時時刻刻有舞台、有人願意給你機會表現，加上舞台相對要求高、我自己對於「表演唱歌的心魔」也還沒克服，所以直播對我來說，能相對自在的呈現愛唱歌的自己。

藝人承擔責任較大，大多被告誡盡量不要討論時事或發表心情，但其實我是個對任何事物很有自己看法的人，覺得能跟自己的受眾一起討論事件、分享觀點和心事，某程度來說得到了心靈抒發……這些種種，和直播觀眾相互陪

伴的時間更長、交流層面更多、一定也更了解，所以我跟直播上觀眾都比一般粉絲更加親近，甚至覺得他們像是我的朋友一樣，陪伴了我經歷了好多好多，這些緣分都是得來何其不易，所以我也非常珍惜。

近幾年上了節目，才意外發現過去直播帶給我「猜歌」這項隱藏技能，很多首歌都能夠一聽前奏就知道是什麼歌，這都來自我以前直播的時期，開放大家點歌，歌單近萬首一直都是隨機播放，所以我聽的歌路很廣，國、台、粵、日、韓、英語都有，沒有設限自己一定只能唱什麼路線的歌，現在才演變成什麼歌都能猜，幸運獲得猜歌王的封號，甚至成為節目的「猜歌魔王」。

每一份工作都會有人前發光和背後辛苦、堅守正直與黑暗手法的地方，也會有所犧牲與獲得。重要的是，清晰自己的選擇與定位，不輕易隨波逐流，更不要為此丟失了自我。要知道自己為什麼而堅持、莫忘初衷與熱愛！

66當你想放棄時，不妨想想當初這份工作帶給你什麼成就感、去賦予這份工作使命感，想想我們便利的生活，周遭是集結了多少人每日堅守崗位、做好本分，千萬不要小看每一份工作可以為人帶來的影響，每一個在崗位上付出的「你」，都是非常重要的人，你做的每一件事，都是重要的！99

那些年的隻字片語

## 那些年

### 看似光鮮亮麗的

女團時期看似風光，其實最受傷

進入類演藝模式，
是個意外，
成為女團一員，
其實更是沒想過。

還記得那是某次失戀，和朋友一起去唱 KTV，當時在同個包廂裡，有一位朋友的朋友是個錄音師，覺得我的聲音不錯，因而邀請我去他公司幫忙唱 demo，就是會發給唱片公司挑歌的試聽帶，我心想不用露臉又能賺錢，剛好我也蠻喜歡唱歌的，於是就答應了。

去錄音公司好一陣子之後，有天他和我說：「他和友人有個女團培訓的計畫」，對演藝圈本就沒太大興趣的我，一開始當然又是直接拒絕。但他說沒

興趣也沒關係,可以當作免費去學習,會有唱歌課、舞蹈課、表演課、說話課、美姿美儀課程等等,反正我白天也沒課,可以來充實自己。這對從小沒有機會學才藝的我來說,是個相當誘人的機會,於是我就一起去上課了。

和幾個女孩一起上課一陣子之後,公司幾個合夥人挑選出了最適合的幾位人選,就是一代 Twinko 的五人。於是開始來個別找我們談合約,起初本就不是懷抱演藝夢進來的我,當然是又開始想著要怎麼拒絕而一再拖延。當時其他人都簽了,只剩下我還沒簽,那幾天陸續會收到其他團員傳來:「妳不跟我們一起了嗎?」之類的慰問,畢竟和大家一起上課有一段時間了,其實也有了感情,所以不禁開始感到壓力,我也開始動搖了。

對我來說,即使要成為藝人,「一定讀好書、要有大學畢業」依然是非常重要的人生目標,可能從小被灌輸「讀好書才能被看得起、才是個有用的人」這觀念太強烈,所以即使高中後發展了很多其他可能性,這依然是我人生堅定不移的信念。

而為了讓自己「還是個好人」,就須具備「合理的理由」可以不簽約,於是我開始和公司提出些艱難的條款,例如:若是影響我的學業,可以「隨時解約」。甚至因為我環境困苦關係,培訓我就不能打工賺錢了,所以培訓期間都要支付我薪資……等看起來相當不合理條件,公司居然都一一答應了!連我當時有積欠房租、學費等(就是窮途潦倒還被母親切割時期),公司都願

意先幫我支付，幫我度過了難關……這下看來我好像真的沒理由不簽約了。在這之前我到處投了很多履歷，卻難以找到薪資相符又能讓我兼顧好課業的工作。因為 Part Time 薪水微薄支撐不起基本生活開銷，全職的話又不能好好上學。所以公司在當時可說是解救我人生危機的大恩人，加上演藝工作之餘又保障可以讓我好好上學，所以之後的幾年，哪怕我再不開心、再想離開，都還是留了下來並湧泉相報。

出道以來，很多人經常會問我：「怎麼進來演藝圈的？」、「為什麼會想當藝人？」我其實真的一路以來從來不是因為天生愛表演、或是對舞台有憧憬、甚至有可發揮的藝術長才想被聽見或看見……一路以來都是被「錢」和「人情」給說服，這是當時我唯一能找到讓我同時兼顧學業、薪水又能支撐我的基本生活開銷的一份工作，而且還有一起訓練好一陣子的團員們，和公司幫助之下的人情債，所以我就這麼誤打誤撞的進來這圈子了，一走也就走了這麼多年了。

**這五年，其實是我自信極度匱乏的五年**
**2013 年底我成為女團 Twinko 一員，正式出道**

為期五年的女團時光，看似風光，但其實是個幾乎賺不太到錢的工作。雖然公司有支付基本薪資給我，但我當時隻身一人龐大的生活開銷，為了賺足夠

負荷這些的錢，還有想替自己買房的目標，當時還同時兼做網拍和直播，還要同時顧好課業，所以那陣子常常因為太累而睡過頭，導致練習和工作經常遲到。

除了時間心力真的很緊繃之外，由於後來主要管理我們的人，並不是發掘我的那位老闆，是另外一位外籍老闆和一位韓國製作人。當時我的外貌和歌喉，被主理的老闆和製作人嫌棄到不行，讓我壓力又更大了……主理我們的老闆，第一次見到我便問我：「妳……會介意整形嗎？」

「不介意呀！」我説。

「那妳去縫一下雙眼皮、鼻子可能也需要去墊一下，再來臉型可能需要削骨或是墊一下下巴。」

「嗯……我也很想整，但我不行，我有蟹足腫體質。」

「蛤！那妳沒救了！」

從小因為大人總是説我很醜，所以對自己長相本就不是很自信的我，好不容易校園生活讓我對自己認知有好一些，突然又被一個重擊，又不禁開始質疑自己真的長得這麼糟嗎？演藝圈標準這麼高嗎？那我不符合標準，還要一起出道嗎？從那時便埋下在公司特別不自信的因子。

團體裡有三個人體重當時都沒有到 40 公斤，平均身高都算嬌小的我們，我身高 161 公分已是團體中身高最高、體重最重的成員，站在她們旁邊我總看

起來很大隻。公司製作人也總說我比較胖、不好看，經常收工放飯都會緊盯我少吃一些，說：「妳太胖了！」可能因為覺得我最不好看，所以我經常被分配到比較毀形象的裝扮，像有一次電影演出，需要有爆炸頭的角色就讓我來；也因為我胖的關係，服裝也總是分一些較遮肉的服裝給我，其他人就相對俏麗可愛許多。

在成團的這五年間，我嘗試過各式各樣的減肥都徒勞無功。中間也許有過幾次暴瘦的時期，但那是因為我吃了非常偏激的減肥藥，除了整天會沒食慾之外，還會心悸加上反胃，經常一整天只吃便利商店一盒芭樂，血糖低到經常頭暈目眩，暴瘦後我就停藥，但一停藥就會立刻反彈，所以那時候的苗條體態都大概只維持了一、兩個月，之後大部分的時間都是肉肉的。甚至因為吃了太多來路不明的減肥藥，加上經常吃飽後我就會去催吐，所以搞到自己整個內分泌失調、胃食道逆流非常嚴重，身體被搞壞之後，減肥自然變得更加困難，體重甚至一度到達 50 公斤！讓我對自己的外貌又更自卑了。

唱歌也是，我們五年來所有作品製作人都是同一個。看得出來製作人就是能不用我就不用我。也許是製作人有特別偏好的音色，我剛好就不符合他偏好的音色，他一直叫我不要唱歌，說我唱歌很難聽。成團發行的作品裡，有好幾首我一句獨唱也沒唱到，只能勉強「唸」幾句台詞，也不太算是 Rap，或只能配一些「Hey！」、「咦？」、「baby」、「嗯哼」之類的音效音。難得有一首有獨唱到的比較多句的段落，也是因為被逼要裝成很不像我的「娃

娃音」，我自己聽了都快要嘔吐、極其反感的那種，後來我堅持用自己原本的聲音，就唱不太到歌了。

還記得有次我們在錄製某一首單曲，我在歌詞上寫了滿滿的筆記，註記著每一個音要怎麼唱、咬字、語氣、情緒等等的重點，我們錄了兩天，都是十多個小時下來，我一次踏進錄音室的機會都沒有。我只好在歌詞紙上畫畫，記得當時都是畫一些很黑暗、處在谷底一般的畫。錄到第二天，我實在快受不了了，我必須待在錄音室，但又沒我的事可以做，我拿出了手機滑了一下子，就被那個製作人當場破口大罵三字經、五字經，甚至還用英文「Fuck you！You go home！」因為他是韓國人，會幾句髒話的中文、其他我們大多都用英文溝通。我就這麼被罵哭了，但又不敢多説什麼，只能繼續在那邊待著「陪錄音」。

這五年來，每次錄音幾乎都是這樣類似的情況，我都很痛苦，常常不知道自己在這裡幹嘛，好幾次回到家都會偷偷爆哭。團員也會鼓勵我，如果真的分配不到，就應該去跟老闆和製作人爭取機會，表達「我也想唱」。於是好幾次我都心理建設久了，才敢鼓起勇氣去跟老闆開口，老闆總是回覆我：「要相信專業，交給製作人安排。」即便製作人很不喜歡我的聲音，我還鼓起勇氣跟製作人爭取，他總是回覆：「後面有適合的會給妳唱。」但每次到最後，我都只能配那些音效音，或是被墊在很後面的大合唱。

成團初期公司來了一位帶我們的經紀助理，有時下了通告可以的話就會載我去上學，平時對我算是蠻照顧的。他一直看不慣公司對我的不平等待遇，某次偷偷錄音了公司主理老闆和一個資方開會的對話內容，聽到老闆在和資方介紹每位團員，都會大概介紹來歷和特長：

「這個是黑澀會美眉出道的，是團體的舞蹈擔當，從小在黑澀會的關係，長時間有在學習舞蹈，很會跳，外表跟實力都是我覺得最看好的！」
「這個也參加過我愛黑澀會，算是星光大道出來的。是團體的主唱，待過某知名唱片公司，算是團體裡最有資歷和經驗的。」
「這兩位都是知名網拍 model，長得都算漂亮可愛，長年是 model 關係，很會拍照擺 pose，對時尚穿搭、美妝保養都很擅長。」
「這位的話……就是年紀最小，人氣最高。但不知道為什麼人氣這麼高，我不是很懂網路生態，我是看不懂她在紅什麼，長得也不算好看、有點胖會要她減肥（邊講還邊尷尬的自己笑場），但她就比較沒有什麼特長，優勢是年紀小跟人氣高、個性比較活潑搞笑這樣。」

聽完這段錄音，說實話真的是滿崩潰的，雖然一直知道老闆和製作人都不是太喜歡我，但親耳聽到自己是這麼被形容的，還是非常受傷。心想，我到底是來這裡幹嘛的？對你們來說我這麼沒價值，留著我幹嘛？我是來陪襯的嗎？……但我又不能說我有聽到這錄音檔，那會害到給我聽音檔的人。

於是當時我以長期壓力太大、內分泌失調瘦不下來、課業成績不好兼顧不來，或太常因我課業因素影響了大家練時間等因素……向公司表達想退團的想法。結果，其他團員們紛紛致電關心，一句句：「沒關係、我們陪妳、我們不介意等妳、我們也可以等妳下課後再練舞。」之類的話，加上我知道如果我退團了，舞蹈位置或唱歌段落等等很多事情又要重新排，會給大家造成很多困擾，又念在公司曾經幫我處理了債務危機，種種人情因素的考量之下，我最後還是留了下來。

但我真的，真的，好不快樂……

除了外貌、歌喉總被老闆和製作人批評得一無是處，我在團體裡的定位也讓我很困惑，別人總是有舞蹈、唱歌等特長的擔當，而我總是被定位成「搞笑擔當」，好像我什麼都不會，只會搞笑，像個小丑。

我一方面不希望大家說我是搞笑擔當，但當我跟大家說了，其他人問我希望被稱為什麼擔當？我又說不出我什麼比較好，因為我覺得自己好像真的沒有什麼特長，我就是一個只會讀書的乖學生路人，被找進來當陪襯的而已。

## 綜藝咖？
## 難道我的專長就是搞笑

後來團員更動時，心想終於可以換我當舞蹈擔當了。結果有一次上節目，節目為了效果設計，有一題是大家要偷偷寫下：「如果要選一個人退出團體，會選誰？」我很詫異竟然最多人選我，原因是：「她根本是『綜藝咖』，不應該待在偶像團體裡。」、「我覺得她其實可以去當『搞笑藝人』，轉行就好啦⋯⋯」之類的話。

當時的我，或許是自我價值實在太低落了，經常下意識會把一切解讀為自己不好、不足，我真的無法相信，大家真心覺得我會搞笑、有效果這是一種長才。反倒覺得，這是大家認為我什麼都不會，只會搞笑、像個小丑。我當時內心再次非常受傷，當場嘴角顫抖，還用牌子遮擋我控制不住的表情變化，差點直接在節目裡哭出來。

下通告後，我真的走心，和其他團員詢問：「為什麼我都已經好幾次說了『我會介意妳們總說我是搞笑擔當』，但妳們還是要這樣說？」她們就安慰我，是製作單位和她們 set 好的答案，因為他們覺得我的反應總是很有效果、應該很好笑，所以才會都這樣寫，又被告誡不要先讓我知道。但在情緒上的我，還是久久未能平復，回到公司開會時，我又再一次非常鄭重且有些崩潰的跟大家說：「我好笑是天生的，不是刻意在搞笑，我只是不喜歡場面弄得

太嚴肅，所以我會用比較好笑的方式帶過，但並不代表我喜歡搞笑，我不喜歡！希望妳們以後真的不要再說了。」並表明這個搞笑標籤會帶給我的負面感受，還記得某位團員直接回應我說：「妳如果真的這麼介意，那妳就不要搞笑！」但當時可能太在崩潰的情緒裡頭，我依然覺得自己還是不被理解，便失望的哭著離開公司，去學校上課了。

也讓我開始反思自己的行為表現，是不是因為我的反應總是不正經，會讓其他人誤會我只是鬧著玩，看在他人眼裡我真的是個愛搞笑的人？雖然當下她們有安慰我「搞笑沒有不好哇～搞笑為什麼不能是一種特長？很多人想搞笑還不見得好笑勒。」、「妳看很多觀眾跟製作單位都覺得妳的搞笑反應很可愛啊，很多人都說很可愛啊……」但哪怕她們再多的安慰，我總是自己把「搞笑擔當」等同於「我什麼都不會」，所以團體時期好排斥這個標籤，甩都甩不掉這個標籤和負面自我解讀，又讓我更不自信了……

「詞彙本身都是中立的，情緒是人賦予上去的，意義也是人去定義的」，在當時自我價值低落時，我總把搞笑定義成「我什麼都不會」，自然情緒都是負面的。

> 66 但當我學會中立看待詞彙，才終於懂得欣賞「很會搞笑」也是一種肯定！能使人發笑，也是一種能力呀～也許緩解了一個人哀愁的一天呢！ 99

開始學著擁抱這個特質之後，現在聽到別人說我很好笑，我還會為此開心得轉圈圈跳舞呢。

## 離開女團，
## 帶著揮之不去的陰影

五年後我們的合約紛紛到期，要離開公司時，公司老闆有輪流找團員們，單獨一個一個聊，除了詢問續約意願，也表達有緣相聚過，祝福每個人找到自己的路。當老闆問到我：「那妳以後想幹嘛？」我還在思考時，他便說：「妳該不會還想唱歌吧？！」我説：「如果有機會可能還是會想試試看吧。」他便回：「唉～妳要知道『藝術是不能勉強的』妳真的不適合唱歌，也不適合走漂漂亮亮的路線。如果真的想唱，可能可以當個酷妹，把帽子壓低低遮住臉，再唱些不需要音調的歌，像饒舌那種……」説著説著還邊帶模仿，在那yoyoyo，自己還笑了出來，但當時我真是一點也笑不出來。

或許對他來説，這真的是他認真給我的忠告，但對我來説，是又一次很大的打擊，好不容易在極度不自信下撐過了五年，終於要離開了，還要再給我個回馬槍，再次給我重重一擊……彷彿我這幾年在這裡的一切努力瞬間成為黑白，青春就這樣被埋葬了，一點也不剩。

這段話直到現在都是我揮之不去的陰影，後來有些唱歌的節目或舞台，我都發現心魔大到，我只要站上舞台，「藝術是不能勉強的，妳真的不適合唱歌，不是唱歌的料、妳唱歌真的不好聽……」那忠告如夢魘一般籠罩著我，怎麼努力克制自己不要想、不要被影響，都揮之不去。好幾次都直接當場喪失控制聲帶的能力，彷彿喉嚨、嗓子不是自己的，大翻車到回家都會爆哭。

明明私下和直播時唱就都沒問題，但只要是公開的舞台或表演，這種被心魔籠罩意識的體驗就一次次襲來，真的太恐怖了。這影響我到現在，即使鼓起勇氣發了單曲，但還是幾乎沒有公開演唱過，很多唱歌的通告邀約我幾乎都會推掉，因為我目前為止真的還無法克服這大心魔。

人剛來到這世界時，你對世界和自我的認知，都是由最貼近的人幫你建立的，當時身旁大人告訴你什麼是對、什麼是錯、你是個什麼樣的存在、世界是什麼樣子……基本上都不會質疑，甚至根深蒂固有如信念一般扎根在你的潛意識裡頭。在人格發展的最重要時期，孩子長大後是自信或是自卑、樂觀或悲觀、主動或被動、合群或孤獨、富同情心或無情，都與這時期的發展有關。

那些年的隻字片語

這初來乍到、人格發展的重要時期，我從出生便經歷一次次的流放，總是體驗到自己是個不被愛、不被接納的個體；大人一句句「沒路用」、「沒人要」、「很

醜」之類的嘲諷，總讓我體驗到自己沒有任何價值⋯⋯一路到成年初期，再屢屢聽到公司那些對我來說很打擊的「忠告」與「標籤」，都讓我的自我認知價值一點一點蕩然無存。

自我價值低落的時候，我總喜歡在群體中當隱形人，可是我的工作剛好相反，我的工作就是需要被注目。當我變成越來越有名，其實我越來越抗拒。在工作的前面幾年，我都是一個很拉扯的狀態，當時我並沒有因為很多人看到我就覺得很開心，可能因為太沒自信、還有小時候被觀看的狀態大多是很黑暗、恐怖的記憶。讓我有很長一段時間，對於突然其來的目光，我反而會懷疑自己是不是哪裡不好、是不是出糗了？總是直覺去想到不好的事情，所以從未真正享受過被注視。

那些年的隻字片語

那些年的隻字片語

每次當有很多人在注視著我，我總是非常不自在、會很彆扭，可能也會變得不太會講話。如果是給我設定一個題目，那我可能還可以演，例如今天是上節目要表演某個東西，對我來說這個是工作，我就可以。但如果是突如其來，都把目光聚焦在我身上，我就會開始變得很奇怪。好幾年我都很拉扯，不知道自己為什麼這麼不舒服？可是這工作又躲避不了目光。所以前面幾年，我好幾度都不想做了，我可能真的不適合這個行業。

## 扭轉人生的轉捩點

### 轉化奇異經歷成為當藝人的使命

我很感謝自己，

在 26 歲時意外獲得了，

這世界上最珍貴的奢侈品，

開始了我的「逆轉人生」。

美國華盛頓郵報選出人生十大奢侈品，出乎意料竟然無一與金錢或物質生活有關，排名第一最奢侈的就是「生命的醒覺和開悟」。

在女團工作上的自信心受創，感情又接連受傷，還迎來一連串的輿論汙名化。我走在路上都覺得有人在罵我，過了好久才知道，原來我早就病得很嚴重了……

小時候總是寄人籬下又居無定所，高中畢業搬出去自己租房子後，又總是住不久就因為房東有其他房子用途而需要搬家，讓我幾乎是每年都在搬家。

於是我很早便下定決心，一定要努力存錢，買一間屬於自己的房子。

## 工作和感情同時打擊，
## 陷入了人生最低潮

為了存錢買房子，身兼三份工多年的我，總是把積蓄 90% 存下來，大多花費都是只花在「生存必需」上，每個月食衣住行，都只讓自己花一萬元以內。凡是能打包的飯菜絕不放過，甚至會打包旁人吃剩的，有次語嚷還説：「妳不要啦～這樣很像在吃我的ㄆㄨㄣ（廚餘）欸」，但我還是表示沒差，所以之前當有剩的便當或聚餐的剩菜，公司都會很直接的給我打包帶回去，好多時候直播的觀眾都會發現，同一樣東西我吃好多天了。

每次去超市，我都會精打細算該品項各廠牌 1ml 多少錢，站在貨架旁按好久的計算機，怎樣都要買到最便宜的；以前包包都是拿贊助的，壞掉了也寧可花錢拿去修，不會換新的；家裡的鍋碗瓢盆都是撿來的，撿到堪用的之前，我還會重複用著免洗餐具，包括：竹筷、塑膠湯匙、紙碗，我都會洗了又洗重複用，當時維力炸醬麵的保麗龍碗、清心福全的保麗龍飲料杯最耐用，這

些我都會重複用到爛掉；每次出國商演，我大多不會和大家去逛免稅店，我都去咖啡廳點杯飲料等待大家順便開直播，畢竟能賺錢的時間絕不放過，或是為了應付課業在機場讀書；也為了省錢住過三坪不到的極小套房，睡在90公分的單人床墊，東西都往床底下塞或是放去公司儲藏室。

還記得幾次和團員們一起逛免稅店，當時我幾乎不太認識什麼名牌，像女孩們最懂的 YSL 唇膏、Jo Malone 香水、channel 包包……之類的話題，我總是在陪逛中插不太上話，甚至還會像個鄉巴佬似地在旁邊 murmur：「怎麼這麼貴呀～我隨便用便宜的就好了，我比較平民款。」有次陪逛 Victoria's Secret，看到一款很喜歡的包包要價 1980 元，我猶豫了很久，語噥柔性勸導我好多次：「篠崎泫妳很誇張！妳又不是沒有賺錢，我跟妳說賺錢就是要懂得適時犒賞自己，妳才會享受賺錢這件事，不然妳會一直覺得賺得很辛苦，而且妳想妳存了這麼多錢，如果突然怎麼樣了都是帶不走的，不如對自己好一點……而且妳現在賺得也不少、這也不是多貴的包包，妳現在背的這個都已經破成這樣了，買啦買啦～～我支持妳買！」但我到櫃檯結帳前又止步了，想想我現在這個包包雖然外皮已斑駁不堪，但其實還是可以用呀……所以最後還是沒買了……但語噥當時的那一席話，影響了我日後的金錢觀很多。

一路這樣竭盡所能地節省，不要命似得拚命賺錢、存錢，我 22 歲存到了第一桶金，也在我 25 歲那年，買了人生中第一間屬於自己的房子。本該是努

力許久迎來的巨大里程碑，應該是個值得開心甚至大肆慶祝的時刻，我卻發現我沒有可以分享的人，也完全不快樂。

> 我終於買到人生第一間房子，卻一點也不快樂。我期盼許久的自己的房子，就在我眼前。我躺在屬於自己的沙發上，卻一點感覺都沒有，彷彿靈魂被掏空。

天哪，這狀態真的好恐怖……這是當時的我人生至此最大的成就、完成最大的夢想，但我卻一點喜悅、成就感都感覺不到……到底是心靈匱乏到了什麼樣的程度？才會處在這種狀態，卻一點快樂也體驗不到，深深體會到什麼叫做「窮得只剩下錢」。

回頭看，其實一路以來，我都有憂鬱症的軌跡，只是我都不願意正視或沒當一回事。大學入學健康檢查的時候，學校關心過我的憂鬱傾向，建議就醫，我都不以為意。後來也在和團員生活中，大家也覺得我有憂鬱症傾向，建議我去做香氛療法；在剛開始照氣場圖的時候，也被告知自己是憂鬱症的氣場，詢問幾個可能有的行為傾向之後，發現我都有這些症狀，於是強烈建議我要先去看醫生再搭配療程。當時我只是很詫異，但還是不願意就醫，可能我心裡底層一直不認為自己有什麼問題。唯一投降的那次，是女團第二張專輯錄音時期，知道這是最後一張作品了，但我的努力似乎從來沒有被看見，在依然被拒絕表現和承受種種貶低之下，我終於認輸去看了心理醫生，也被醫生

告知自己就是需要治療，但我拿了藥之後也從來沒有吃，因為我始終堅信能靠自己好起來。所以一直以來我都沒有接受過正規的心理治療，也一直忽視這個問題，直到後來接連而來的打擊，終於讓我一步步走向自我毀滅。

## 感情和形象雙雙重創，
## 生命差一點走向盡頭

除了工作上一直以來的貶低和打擊，感情也接連受到重創。

那時有任男友，一開始對我非常好。他除了會經常讚美我，也會鼓勵我多為自己爭取機會、多做一些突破。有時還會引導我站在鏡子前，看著鏡子中的自己，要我從頭到腳說出自己好的、有魅力的地方，例如：「眼睛很大、皮膚很白、嘴巴翹翹的……」各個在他眼中認為我很好的部分。但當時的我，實在無法發自內心地認為自己很棒，總是有氣無力、很沒靈魂地講，他也耐心地鼓勵我、要我嘗試自信地說出來，肯定自己。對於當時總覺得自己一文不值的我來說，「他」就是全世界覺得我最好的人，似乎不會再有人像他這樣看待我了。

後來他去當兵後，也許是接觸了新環境的關係，結交了很多新朋友，價值觀和行為開始出現了變化，我陸續發現他有疑似劈腿的跡象。我發現以後，一

開始不能接受，更揚言要分手，終究被他誠心的道歉及信誓旦旦保證不再犯的承諾給說服，但後續依然屢次發生，甚至變本加厲，但我知道自己太愛了、離不開他，於是開始放軟，一再求他不要這樣傷害我，但他還是不斷累犯，甚至說：「妳接受不了就滾。」、「妳找不到不會這樣的男人了啦。」對於當時的我來說，他可能是對我最好的人了，我根本就分不了手。

就這樣持續不斷地發現一些證據，但也不敢再吵了，深怕自己被拋棄。但同時有個理性的我，一天天看著證據並洗腦自己：「真的不值得，我不需要他！」這樣不吵不鬧默默吞忍大概半年，中間也會有很多自我懷疑：「我到底有多不好，才會讓你這樣，你不是覺得我很好嗎？」他對我的傷害在我心中不斷累積，也讓我對他的愛一點一滴的慢慢收回……最後有一次吵架，他一氣之下就提了分手，我這次也不吵不哭不求和了，就這樣真的分開了。

或許是之前他無論怎麼提分手、趕我走，我都百般哀求他，他實在沒料到這次我會這麼乾脆地答應分手，他有點慌了，過了一陣子發現我都不為所動，他便開始努力挽回。回首自己人生中所有戀愛經驗，我發現自己一直以來都是這樣的性格，發生問題時，我一定會很努力多次嘗試改進、去解決問題，但當這始終無解時，我會一直默默吞忍，忍到傷害持續累積、讓我對對方的愛一點一滴被消磨殆盡後，我就會狠下心離開了。

雖然後面男生有挽回我很長的時間，事過境遷之後我也明白，也許當時他那

些「迷失」真的是被帶壞了，他本質不是這樣、以後也不會再這樣了，但我被傷害的陰影終究放不下，所以最後仍然沒有復合，退回了朋友關係，現在依然是會聯繫的朋友。

分手大概快半年的時候，我開始和另一個男生發展，當時算是曖昧中還未確認關係。一次一群好朋友聚會，當天我有點飲酒過量喝到失憶，完全不記得聚會尾段的所有事情，根據友人說法，當時他是在和我道歉。據說當時在聚會中有些爭執，但我連這段都不記得了！所以後來有些情侶間的摟抱撒嬌畫面，而這一幕正巧被狗仔拍下來變成新聞，明明當天散場後是四人一起搭車返回朋友家，狗仔卻刻意剪輯成只有我們兩個人，而這一切似乎就被大眾認定了「我們在一起」。新聞出來後當然很是懊悔，自己一向行事低調，怎麼會酒後失憶發生這麼大的失誤，也覺得既然大眾似乎也認定了，那不如就好好經營這段關係吧！

好巧不巧，同一時間前任男友剛好在當兵的期間，經歷了一些人生挫折，在私人臉書發了一篇心情抒發的貼文，就被媒體拿去大作文章成是對週刊事件的發表，還寫說男方「火速將與篠崎泫的合照刪光」，新聞媒體就報導成了是我劈腿讓他心情受創。事實上我們早已分手一段時間，甚至當時都是剛出道的我們，更從來沒有、也不敢發任何一張合照在社群上。媒體就這樣未經過任何查證、沒有任何證據下，自行聯想撰寫成一篇煞有介事的新聞，我就這麼被莫名抹黑了……隨之而來罵聲鋪天蓋地，那些罵女生最難聽的罵名：

「兵變男友、臭婊子、破麻、下面癢、公車、帶男友綠帽⋯⋯」種種這些不堪入目的標籤，全都貼到了我身上 ⋯⋯

因為當時公司有禁愛令的政策，希望我們面對輿論都不要回應。但對我來說，都不回應的後果，就是任憑這些箭往我身上射，卻只能自己默默承受，也會因此被網友解讀成是「我默認了」。當時經歷感情受創又莫名反倒承受罪名的巨大壓力，情緒崩潰到練舞時忍不住在團員面前大哭，她們當時也只能安慰我：「沒事的，認識妳的人知道妳是怎樣的為人就好了，何必在意那些流言蜚語呢～」也許是當時年紀太小不懂得如何處理情緒，覺得這樣的安慰並沒有讓我比較好過，反而有更強烈沒有被同理的孤獨感，但我好像什麼也做不了，只能每天獨自關在家以淚洗面。過了幾天後，即使又有「身邊友人」出來爆料：「其實他們兩人早在大約半年前就已分手⋯⋯」（至今我們都不知道從頭到尾的友人到底是誰）但這篇新聞彷彿沒什麼人看到一樣，大家已經認定了我就是「劈腿」、「兵變」男友。

幾天後我努力振作起來，一方面還是得賺錢討生活，一方面更是覺得我沒做錯事我何必心虛躲藏，所以還是開始了直播工作。記得當時一開直播，底下刷頻全都是「還敢開直播啊」、「看到新聞」、「兵變男友」、「戴男友綠帽」⋯⋯所有不堪的罵聲淹沒聊天室，但我也只能故作鎮定好好直播。幾分鐘後實在被罵到忍不住了，躲出鏡頭外面哭，也被說「哭了嗎？」、「開直播上來裝可憐啊」、「被妳兵變的男友才可憐吧」⋯⋯各式各樣來看笑話的

冷嘲熱諷，收拾完眼淚還是得好好工作。而後好一陣子，我不管是直播、貼文留言、私訊，每天都在面對這些聲音，承受這樣的網路霸凌、精神受創好長一段時間，但我卻始終只能故作堅強，努力把自己的生活過好，本已經在黑洞的身心狀態，更是一步步走向崩毀。

> 　　伴隨莫須有的罪名而來的負面標籤，就這樣跟了我好多好多年，直至今日，不管我做了多少努力，都還是有人會把這件事拿出來給我定罪、攻擊我。明明其實後面幾天就有友人證實早已分手半年的澄清報導，我後面幾年也在自己的限動回應過幾次，但好像都沒有被真正看見過，其實真的覺得好無力、好委屈，這世界真的好殘酷，誰會在意真相？沒有人在意，人們只會選擇看自己想看的。

前男友也對於讓我承受這罪名覺得虧欠，承諾過以後大紅大紫了，他一定會告訴社會大眾我沒有劈腿、更沒有兵變他。雖然到現在還沒等到這一天，但在這段交代我是如何走向人生谷底的過程，我必須誠實。

而原本打算要好好經營關係的男友，看似要陪我一起度過難關，卻在幾個月後，某天在他家突然對我說：「我有話想告訴妳，希望妳不要誤會，我覺得我們從頭到尾都沒有交往、更沒有在一起過。我現在不想為任何人負責，所以妳回去吧。」當下我也只是淡定的回覆：「哦……好。」然後我就自己叫

了計程車從他家離開了，當時還在車上就忍不住哭了起來，我再次覺得「我到底是有多糟糕、多不值得被愛，讓他們接連這樣對我」……

## 人生心理狀態的最低谷
## 身心逐漸崩塌

後來好一陣子，我又過著幾乎天天都在喝醉的日子。有好幾個夜晚，我甚至哭倒在家裡地上，崩潰得撕心裂肺，哭得真的是呼天搶地的程度，不斷嚷嚷著：「我到底做錯了什麼事情？為什麼都要這樣對我？……為什麼？為什麼？為什麼？……」哭到氣喘發作，好幾次去急診。

接連而來的感情和形象雙雙重創，又因為形象不好了，很多工作邀約都被汰換人選，合約的後期有好幾個月我幾乎沒有個人通告，每天看著公司群組發隔天工作訊息，總是不會有我的名字。幾個月後合約到期，公司老闆還給我回馬槍的抨擊忠告，原本長年的憂鬱症、自律神經失調，似乎來到了此生最嚴重的時期。我對自己的自我價值，更是低到蕩然無存了。在人生心理狀態最黑暗的谷底，即便我終於完成了當時最大的目標與夢想，買下了第一間屬於自己的房子，但除了簽約的人、裝潢的人，我沒有跟世界上任何一個人主動分享這份喜悅。甚至，根本就完全感受不到喜悅。

其實早已長期自律神經失調卻不自知的我，除了情緒長期處於憂鬱，還會經常心悸、胸悶、手抖、胃食道逆流極其嚴重、咽喉會一直覺得有東西卡住卻找不到原因……但這些可怕程度我覺得都不及關於「睡眠」的困擾，除了睡不著覺之外，中間也經歷過「無盡的疲憊期」，明明沒做什麼事卻總是覺得好累、好睏，除了工作以外的時間都一直在睡覺，入睡後更是惡夢不斷。

記得當時最恐怖的莫過於，好幾次夢到自己在家裡床上醒來，場景和睡覺角度都和現實中一模一樣，然後一如往常起床先去廁所刷牙洗臉，結果廁所躲著一個人埋伏把我暗殺了，我才驚醒，發現好險剛剛那是夢；又起來一如往常的刷牙洗臉完，朋友打來突然跟我大吵，我傷心得一直哭，於是又哭醒在自家床上，才驚覺原來剛剛是「夢中夢」，接著我又起來做完起床後的例行公事，好不容易順利出門了，卻突然又被車撞死，又再度從床上驚醒，原來剛剛是「夢中夢中夢」？聽起來很繞口但是真的很可怕，這樣來來回回，最誇張發生過七層一樣的場景不同狀況的夢境，那真的是非常痛苦的過程，中途我試過在夢境中捏自己打自己，都真的會痛呀……但醒來還是會發現剛剛都是夢，我只有從那一層夢境裡死亡了才能逃出。導致我都分不清哪一次是真？哪一次是假？甚至真的醒來後，也會一直質疑自己是不是其實還在夢裡頭？我並沒有真正的醒來？因為一切場景都真的太太太真實了……好幾次醒來我彷彿水鬼轉世，整個衣服濕透之外，床單和被子也都被我的汗整個浸濕成一個人型，彷彿掉入一個好可怕、好痛苦的深淵。

再來就是後期另一個折磨的深淵：我怎麼樣就是睡不著！我竭盡所能的用各種方法幫助自己睡著，去健身、瑜伽、喝牛奶、聽冥想音樂、白噪音、吃助眠藥物、喝點小酒……甚至後來想說是不是受到電磁波干擾，我把所有燈關掉、手機和電腦也都關機拿到很遠的地方，躺上床閉起眼睛，告訴自己無論如何不能張開眼睛，我甚至都數起了羊，卻始終還是睡不著。經常兩、三天行程滿滿，明明身體累得要命，我卻完全無法入睡，意識長期處於緊張、焦慮、亢奮的狀態，最高紀錄還有連續三天都沒有睡著，甚至有次已經兩天沒睡狀態下，去錄完一整天外景通告，明明累到應該倒頭就睡的程度，但我卻還是睡不著。所以便開始瘋狂酗酒，把自己喝得酩酊大醉回家才有辦法入睡。

除了身心靈的崩塌，我連身材也迎來史上最誇張的一次崩毀。長期以來的心理壓力與打擊、加上酗酒又內分泌失調、還因為扁桃腺手術完反覆發炎，吃了太多類固醇，導致類固醇肥胖，暴肥了十多公斤，來到人生體重巔峰。類固醇肥胖最明顯的特徵就是「水牛肩和月亮臉」，所以即使我全身包緊緊，變胖的痕跡還是完全藏不住，看起來虎背熊腰、臉超圓超腫的，不管我如何節食加上運動，連一公斤都瘦不下來。有次因為照胃鏡檢查必須斷食，還出現很少見的，空腹 12 小時胃竟然還有東西，於是為了重照我斷食了整整兩天，斷食兩天的我竟然還硬生生長胖一公斤！我當時覺得老天在跟我開玩笑嗎？這世界上真的有「呼吸就胖」這種事！

記得某次朋友聚會，竟被當時知名男星友人發自內心問：「篠崎妳是要退居幕後了嗎？」我還以為他是因為我演藝工作大幅減少才這樣問，還故作逞強說：「我還是有在工作啦～」他緊接著說：「不是，妳怎麼把自己吃成這樣啊？我以為妳不做藝人要退居幕後了耶～」帶著超認真絲毫沒有在開玩笑的語氣，當時身旁朋友群還一起哄堂大笑，我真的是尷尬到不行，心想，我真的沒有吃很多，而且我也已經很努力在減肥了，但就是瘦不下來呀⋯⋯後來我就變得越來越不想出門，明明正值青春年華 25 歲，那些該是三五好友團聚的日子：中秋節烤肉、我的生日、聖誕節交換禮物⋯⋯我都一個人在家，哪裡也沒去，徹底活成一個邊緣人。

短時間內接踵而來的打擊，終於要把我擊垮了。發生的種種都讓我覺得我好像沒有任何一點好、沒有任何存在的價值了，一向認為自己從小經歷大風大浪，異於常人堅強的我，終於是再也撐不下去了⋯⋯反正我也無牽無掛的，那就結束痛苦吧⋯⋯於是開始嘗試過幾次要放棄生命，吞藥加上飲酒、割腕、燒炭等都嘗試過，但每一次都失敗、每一次都還是又醒來了。

醒來的時候，總是會想「怎麼又醒來了」⋯⋯但似乎也還保有一絲絲慶幸，自己還沒有離開，是不是真的命不該絕？是不是我在人間有些未完成的工作或使命，我還有未發揮的價值，所以老天還不願意讓我走？

後來發現身體多重器官紛紛出現問題，我才真正意識到，心理真的會影響生理，我的自律神經整個失調得極其嚴重了。某次一個機會要我去做簡單身體檢查，才發現身體有許多器官早已出狀況：胃潰瘍、胃穿孔、咽喉炎、唾液腺結石、食道灼傷……甚至因為經常好幾天沒睡覺加上長期酗酒，患有猛爆性肝炎，被醫生告誡是隨時可能會暴斃的狀態。當時醫生問了幾個問題並做了另外檢測之後，才確認我就是自律神經失調導致多重生理問題，建議我離開讓我感到壓力大的環境，讓自己好好放個長假，好好讓身心放鬆修復，不然再這樣下去真的隨時會爆肝走掉。

記得醫師還問我：「妳有覺得壓力很大嗎？」我還說：「不會呀～我覺得還好耶。」可能因為當時都沒什麼演藝工作，把「壓力大」自動和「工作量」做連結，加上對自己情緒還不是很了解，只知道自己每天過得渾渾噩噩的，很不快樂，所以才會沒覺得壓力有特別大。但其實長期憂鬱的心理狀態早已被接連而來的各種重擊，擊潰得幾乎再也毫無喘息的力氣了。

## 視錢如命的我，
## 竟患上「強迫性購物症」

當時我在台灣每一秒都覺得像有千萬把刀劍朝我射來，也完全提不起勁去學習或嘗試任何新事物，連去畫療癒畫都讓我覺得痛苦。聽了醫生的建議，安

排了我一直以來最想逃避台灣的時光：過年。我飛去了最熟悉的日本休息了整整一個月，逼自己任何工作都不准做，尤其是我一直以來最堅持的直播，這是我人生開始會賺錢以來，從來沒有讓自己停下來「完全 0 產值」這麼久過，真的非常不習慣，一開始還因此會焦慮、恐慌，但又知道我一定得逼自己學著做出些改變，不然我的身體真的會迎來終點。

一開始在日本找了間三星級的飯店住了下來，彷彿是早已預測自己不會想出門，我特地選了有「微波爐」的飯店（微波爐真是單身租屋族最好的朋友，有了微波爐基本餓不死），只有前兩天去便利商店買了很多食物回房間囤起來，之後幾乎再也沒出門了，每天就是看著看不太懂的日本電視節目、或是追古裝劇來看，餓了就加熱便利商店買的食物來吃，就這樣一住，就是兩個禮拜。想想自己根本只是換個國家耍自閉，到底誰會難得出國了還成天待在飯店裡？我真的好浪費生命……

後來驚覺就這樣住著，花費實在太高、太浪費錢了，於是決定跑去姊姊家住。本就和姊姊沒有太熟悉的我，因為盡可能的不想和姊姊待在同一空間裡，於是終於開始給自己安排逛街行程，姊姊的家在郊區，我每天得搭四、五小時的電車來回市區，非常不方便，但我實在太不想和人交談了。也許是買房目標達成了，終於可以拿額外的錢來對自己好一些了。瘋狂逛街期間，過去要買一個新台幣 1980 元的包包都要猶豫很久、下不了手的我，這陣子卻彷彿變成報復性消費，買了一堆名牌服飾、一顆就要價好幾萬塊的包包，甚至我

根本就沒有喜歡那個包，我也硬要買。

可能底層自我價值低落在作祟，到哪都覺得別人看不起我，連逛個街，都會覺得人家是不是覺得我逛逛就走就是買不起，自尊低落到沒有喜歡我也要硬買，而且還要買很貴的，很多買的到現在一次也沒背過。回想當時的心態，買名牌只是想讓別人覺得自己有在賺錢、是有能力的，而以前總視錢如命的我，在這短短一個月的時間，我就花了一百多萬，但始終沒有買到真正的快樂，心裡還是好空虛、好寂寞，我才知道自己可能患上了情緒病容易併發的「強迫性購物症」。

## 強迫性購物症（Compulsive Buying Disorder, CBD）

臨床研究發現，強迫性購買患者，常合併囤積症、憂鬱症、躁鬱症、焦慮症、物質成癮或其他行為成癮，例如，躁鬱症病人就可能失心瘋地大量購物，造成痛苦的後果。

這幾年心靈成長後回首這時的自己，才發現這時候很多行為其實都是為了博取他人的認同。我花錢買名牌，並不是因為我真的喜歡這樣東西，而我只是在「買他人的認同」，那樣的心理狀態其實是非常匱乏且空虛的。所以我現在看到那種明明不懂時尚，卻全身上下都是名牌的人，我會大概認為，也許這個人也是這樣的心理狀態導致的。如同我在服務的育幼院看見青少年，把僅有的錢花在名牌包、化妝品、拍抖音追求讚數、流量人氣，很想跟他們說資源應該花在更有效益的地方，但又真的知道他們其實不是貪，而是追求同儕的認同，想要朋友、其他人看得起自己、想要被喜歡而已。

一個真正心靈富足、看待自己是足夠的人，其實根本不需要透過表象的裝飾來博取認同。

當然也不是說我現在完全不會買名牌了，只是不會再盲目地買了，省下了很多不必要的消費，現在很多時候即使全身上下都是路邊攤，我卻比以往有自信了許多，覺得自己比以前漂亮、踏實好多。不需要再靠那些虛榮的外在裝飾來遮掩自卑的自己，現在的我，更珍惜物品但不迷戀名牌與物質生活，不再流於物質虛榮的虛表世界，現在只買真心喜歡及需要的東西，不會攀比或羨慕他人表象的富裕，反而讓我的心更踏實而滿足，我覺得自己更珍貴且更有價值的，是我的內在、是我的靈魂，那才是錢買不到也效仿不來的。

我認為，一個人真正的價值，真的不是在於外在擁有了什麼；而是關於內在掌握了什麼。他是如何看待自己的，尊重自己說出來的每一句話，負責任於自己的一言一行，讓自己的內心足夠堅定且強大；從而帶出他為社會貢獻了什麼，他帶給了旁人什麼樣正面的影響，他用怎麼樣的「精神」在活出他的人生……這些反而才是更重要、更有價值的事。

## 探究自己障礙的根源，
## 扭轉人生的轉捩點

> 我該何去何從？有人會要我嗎？

早在更早幾年，還沒加入女團前，某次在朋友的介紹下，有幸和一位圈內知名藝人的經紀人會面，算是一次引薦的機會。當時彼此有了些初步認識後，經紀人便開始切入正題。

對方問我：「妳接下來想要做什麼？對演藝圈有什麼憧憬？」

我：「嗯……我也沒有很清楚耶～應該說不要太誇張的，我應該都可以做。」

經紀人：「妳總要給我一個方向吧！例如想要唱歌？還是妳想去演戲？或是上上通告？還是有其他想要做的？總有一個特別想做的吧！不然妳進來這圈子要幹嘛呢？」

我：「嗯……我真的不知道耶，因為其實我也不是懷抱夢想進來的，我是被找進來的，一開始會答應也只是因為單純想賺錢。」

他嘆了一口氣，接著問：「那妳有特別擅長什麼？或覺得自己在做什麼時候比較開心的？」

思考了許久，我還是想不出來。勉強回應了：「我覺得我做什麼好像都還可以。叫我去演戲，我也可以去演；要我唱歌，也還可以；要我去上通告，有適合的主題也可以。其實要我去做什麼、只要不要是腥羶色的應該都可以，

我只是想要有一個穩定的收入能養活自己就好了。」

他又問：「做什麼都可以，那妳只是單純想紅？」

我說：「也沒有想紅，就是有賺錢就好。」

他笑了笑說：「妳知道紅跟賺錢是成正比嗎？」

我還天真地說：「會不會有一些人沒有那麼紅，也是有賺錢的？」

他說：「那就是賺不多，那個在我的標準裡，算是沒有賺錢的。」

其實對當時的我來說，可以生活就好。如果一個月只是兩、三萬或三、四萬，對我來說夠了就可以了，反正演藝工作時間彈性，其他時間我可以再做別的兼職。

沉默了許久之後，他說：「妳其實是一個毫無企圖心的人，老實說我覺得有點浪費我時間，我問妳很多問題，妳都回答我不知道、都可以，這種幾乎等於沒回答的回答。我必須要先知道妳想要做什麼，想成為什麼？我才有辦法幫妳。可是妳都不知道妳自己要什麼，都沒有一個明確的目標，我要送妳去哪裡？我要從哪裡著手？妹妹，妳可能會覺得這一番話很殘酷，但我必須老實告訴妳『妳的人生沒目標、沒理想，我看妳也是沒什麼自信，我勸妳不要走這行，妳會走得非常辛苦！演藝圈是非常殘酷的，哪怕妳有再好的條件，有時候機運不好、但也許夢想夠堅定還能支撐辛苦的時期，但妳連自己想要什麼都不知道，妳人生毫無企圖心的話，那妳真的別走演藝圈了，妳不適合！』」

說完這番規勸，還跟我朋友說：「以後這種人就不要約我來浪費我時間了，我很忙的。」語畢，喝完最後一口茶，他先行離開了。我和朋友氣氛陷入一陣「最怕空氣突然安靜」的尷尬⋯⋯彼此沉默了很久，他可能也不太知道該怎麼安慰我，十幾分鐘過去，我們就非常尷尬的解散了。

看似被提點了一番，但當時只有 19 歲的我，卻沒有把它視為多嚴重的問題。雖然當下很是尷尬、也不知如何回應，因為他說的確實沒錯：「我的人生，毫無企圖心。」這個關於「自己人生不知追求什麼」的問題就這樣被我擱置著，當時明明覺得不是多嚴重的問題，但卻記得這整段對話好清楚、好深刻。

後來才知道，原來不是我不在乎，而是我不知道該怎麼面對，於是就放著不去看、不去想，問題一擺，就擺了六年。還以為加入女團後有清晰方向，但其實並沒有，回首成團的這五年，起初也是誤打誤撞和還人情債進來的，這五年我並不開心，也沒有享受舞台。我想當歌手嗎？我合適嗎？我夠格嗎？我連自己有沒有打從心底喜歡唱歌跳舞、喜歡表演⋯⋯我都不知道了⋯⋯

團體合約結束後，大家開始規劃後續的演藝路。想唱歌就去找唱片公司、想主持就去找這方面的公司，每個人都有各自想去的地方、想做的事情，就只有我哪都沒去談，停滯不前。也許是新聞影響導致形象重創，覺得自己不會再被接受；更是因為我連自己想要做什麼、可以做什麼都不知道，完全不知道自己的人生想追求什麼？我的夢想是什麼？這才是最可怕的問題。

合約結束後，某次一如往常更新近況的聚會中，團員紛紛說著自己簽約新公司和接下來的規劃，只有我沒有後續規劃。詢求姊姊們意見時，她們都跟我說其實我是最有本錢去談合約的人。我是年紀最輕的、長得也不差、又是粉絲數最高的，對公司來說自帶流量；還發過兩張唱片，不用像新人一樣培訓等，其實是很好談到下一間願意簽約的公司，要我應該對自己自信一點。

可是那時候，不管她們怎麼鼓勵我，我就是覺得自己一點價值都沒有，我也壓根不認為那些算是我的「優勢」，看不見自己身上有哪一丁點好的地方，總覺得不會有公司要我。而我太害怕毛遂自薦會被拒絕，當時團員還說：「拒絕就換別家呀～總會遇見懂得欣賞妳、願意栽培妳的人，像我也被拒絕很多次呀，但我都覺得沒關係，不懂得我的好，我就再換別家，一定會遇到那個對的人。」她說完這席話的當下，我眼光閃爍的看著她，心想，好羨慕這樣有自信的人，好羨慕非常清楚知道自己想做什麼的人，如果我也能這樣該有多好……

也許是因為從小到大的成長環境、再到上一間待了五年的唱片公司，一路上都沒有太被欣賞、被認可的經歷，導致我看待自己一直都是很不足的。現在重新回想，她們說的那些話好像也是事實，聽起來也覺得其實好像真的不差，為什麼我就是這麼窩囊？我的人生總是這麼被動？被動的等待人家選擇我或捨棄我。我當時就只會默默的等，看看有沒有人有一天會看見我……所以當時我一個地方都沒有找，也不敢自己去找。

> 自我認同感真的很重要，永遠是第一步。當你連自己都不認同自己的時候，其實別人跟你說再多：你有多好、多厲害的話，你都不會這樣看待自己。而當你永遠都看不見自己的好、不懂得欣賞自己，你便會更不知道自己能何去何從，甚至會因而掉進自卑的深淵裡無可自拔。而在認為你好、想為你好的旁人眼裡看來，反而會覺得這樣是「不知足」的表現，想幫都不知道該怎麼幫你。

## 「狼人殺」和「心靈課程」，
## 把我從泥沼中拉了出來

憂鬱症長達大約有八年的時間，一直都沒有好轉。回到台灣後，自覺這樣封閉下去真的不行，開始鼓勵自己走出戶外，我會去上舞蹈課、也會開始請朋友約我出去一起玩密室逃脫，那時剛好也瘋狂迷上看娛樂百分百的「凹嗚狼人殺」單元，我發現自己對於需要邏輯推理的遊戲，好像有特別躍躍欲試的感覺。某種程度上真的是「狼人殺」救了我，讓我開始有了動力踏出門「社交」，因為狼人殺是要一大群人才能玩的遊戲，而一大群裡常常會有很多不認識的人，我終於開始出門交朋友了，也終於找到人生樂趣。

我剛上狼人殺的初期，有一次和我認識十年的舞蹈老師聊天發現，明明當時

網友留言超過九成對我都是好評，只有一點負評，但我居然都只看見少數的負評，看不見其他的稱讚，還對負評走心得鬱鬱寡歡，但看在他眼裡明明迴響很不錯。加上長期以來對我的觀察，發現我常常下了課去哪都是一個人，我經常一個人去吃飯、逛街、看電影、甚至出國⋯⋯他觀察到我明明看起來朋友很多，為什麼總是獨來獨往的？以前明明看起來活潑開朗的我，怎麼感覺越來越自閉了？察覺這些「異狀」之後，剛上完心靈課程的他，忍不住關心起我的心理狀態，問了諸多問題，帶我看見了，原來我的人生有這麼多的障礙和卡住的點，應該都跟我以前的一些經歷和成長背景有很大的關係，便推薦我去上心靈課程。

那一次的聊天，成了我永生難忘的幾個 moment 之一。渾渾噩噩活著、茫然又迷失許久的我，一直覺得自己活在這世界上，是非常孤獨的存在，總覺得這世界不理解我，導致以前在外人看來活潑搞笑的我，漸漸掩蓋不住我越活越封閉的狀態。這是我人生第一次，有被看見心靈、被認真傾聽與試圖理解的感受，一直以來跟老師不太熟的我，聊到淚流滿面，我自己都嚇到了，原來被傾聽是這麼溫暖的感覺⋯⋯我回到家還忍不住立馬發文，紀念這難忘的一刻。

老師也告訴我，這個心靈課程，除了可以跨越一些心理的障礙、也可能有機會開發未知的潛能、更重要的是會讓我找到「我人生到底想要什麼⋯⋯」基本上就是，我想要拿到什麼價值，我就會得到它。我當時還天真的說：「我

知道自己的不自信可能來自一些經歷，也知道我人生有很多障礙，來自一些重大事件留下的陰影。但我可能跟格雷一樣或甚至更誇張，可能有超過五十道陰影這麼多，而我不知道具體影響我的重大事件是哪一個？因為造成我陰影的重大事件真的太多了……都能被克服嗎？我就會變得勇敢、有自信了嗎？」

老師說：「我不能保證全都會克服，但一定會幫助很多，也會釐清妳的人生方向很多。妳不是不知道自己要什麼嗎？至少上完課妳一定會清晰很多，也許像妳說的，不一定是關於演藝圈的，因為妳的確曾萌生退出演藝圈，另尋其他人生出路的念頭。更重要的是，妳的故事會帶給很多人力量……」

但當時人群恐慌很嚴重的我，在很想去上課的渴望和無法面對人群的抗拒，產生強烈拉扯，讓我來來回回去了三次都臨陣脫逃……就這樣經歷了半年多的掙扎，舞蹈老師替我排除了許多障礙後，我才真的走進教室，開啟了這段人生最重要的心靈治癒旅程。

通常心理會生病和自我價值低落或創傷事件有關係。自我價值低落我有、創傷事件我也有、自我認同感也非常低。過去的我，極度沒有自信，整個人非常沒安全感。經常會沒來由的爆哭，或常態失眠無法入睡，但為什麼會導致這樣的生理和心理狀態，我都不知道真正原因是什麼？只知道我總是感覺活著好累、做什麼事情都開心不起來，更覺得自己和這個世界格格不入……

多年情緒病的狀態下來，我深刻意識到也許自己真的不適合「演藝圈」這份工作。該擁有的人格特質，我好像都剛好相反；我根本不喜歡分享自己的事情，也不喜歡講話，但上節目或受訪，總是不得不把自己的私事搬上檯面、分享自己的想法和心境，除非你有其他才華能掩飾，不然幾乎都要擁有能侃侃而談的能力；我也不擅長融入人群和主動找人攀談，但在這行不主動一點，會被人覺得妳擺姿態、難相處又高傲，還因此容易被人講閒話。該具備的才華洋溢，我幾乎沒有；該享受的成分，我都不喜歡，我根本不喜歡被關注、被看見，但在這圈子，彷彿時時刻刻都在鎂光燈下、吸引眾人的目光，就算私底下，也都被放大檢視著；該有的心理素質，我更是不夠強大……但在這圈子，就是得承受很多的攻擊謾罵、抹黑造謠、甚至詆毀……還會永遠被定罪、被嘲諷，沒有人在乎真相、更沒有人願意聽妳解釋……

我發現自己工作時好像在「扮演」一個完全相反人格的我，所以工作時我都好不快樂、好不舒服，經常回到家我會癱軟在沙發上放空好久好久，好像靈魂都被抽乾了那樣，是精神上巨大的疲憊感，日積月累侵蝕妳的核心。反正現在剛好正值轉捩點，沒有該履行的經紀約壓力了，我對演藝圈的未來也沒有憧憬、身心靈也承受不住了、形象也不好應該也沒人要了，於是萌生了退出演藝圈的念頭。想替人生另尋出路、想看看能不能開發出未知潛能、看看自己還能做什麼別的工作？這也是我會去上課很大的目的。

## 治癒自己，
## 重新和自己連結

上課會讓心靈獲得治癒，很大的原因是「會和自己的潛意識連結」，你會透過課程引導，越來越認識到自己的本質、理解自己行為模式背後的原因、每一次的選擇是被什麼樣的潛意識對話驅使的、你看待自己的眼光是來自於什麼……但前提是，自己必須先付出一百分的真誠在課程裡頭，才會得到最真實的結果，不然其實很多人上完課，也未必會意識到自己這麼多。

> 了解所有事的「根」，我們才能行使真正實質且有效的「蛻變」。

例如，我總是害怕被關注、被注視為我帶來不舒服的感受，看見自己的意識之後，才理解到，因為小時候輾轉在寄養家庭之間，大人看到我總是有嫌棄的眼光，總說我「很醜」是「怪胎」、甚至會討論要把我送去哪，這樣的情況太多次了，於是我的潛意識裡彷彿被寫了一條主要方程式「被看到了＝又要被拋棄了」；而經歷黑暗邪教家庭，把我扒光衣服關在狗籠和門外的經歷，也幫我寫了一條附加方程式「妳正在被注視＝妳現在是不堪的」這些經歷都太深入骨髓了，讓我潛意識裡會一直希望自己是隱形的、不被看見的，從而去發現自己從小到大的行為：總會在各個環境裡躲藏、總喜歡坐在最角落不起眼的位置、走在路上戴口罩帽子會感覺比較舒服、在人多的地方會在廁所

躲好久讓自己放鬆、甚至在小時候看哈利波特的時候，最想要的不是那神奇魔法棒，而是只想有一件隱形斗篷。

理解了原因之後，才終於了解自己為什麼在圈子裡受到眼光投射會不舒服，甚至會下意識覺得「自己現在是不堪的，才會突然被高度關注」。

例如，我一直不清楚人生方向、不知道自己想要做什麼、覺得自己人生沒有夢想，只盲目的知道就是要不停的賺錢養活自己，只盲目的知道想成為一個「有用的人」就好。後來才發現原來我不是沒有夢想，我是「不敢做夢」，因為我覺得自己沒有做夢的資格。

一路成長以來好像就只會讀書、賺錢，後來為了生計，書也沒讀得特別優秀，更不像其他孩子從小就有機會去學才藝、擁有其他技能，這個總是差人一等的感覺，進入演藝圈這各個身懷絕技的大環境後，自卑感更是與日俱增；從小就開始不斷被大人嘲諷自己是個「沒路用的人」；18 歲那年和媽媽深刻談話中，媽媽嫌我什麼都不會；20 歲到 25 歲被公司老闆和製作人各種打壓，尤其老闆那錄音檔和解約時的忠告回馬槍……一路以來的深刻對話和被打擊的體驗，也寫了一條方程式「我就是什麼都不會＝我是個沒有價值的人」深深植入了我的潛意識。

終於理解到為什麼看待自己這麼不足、活得這麼空洞，連自己人生想做什麼

都不知道，造就如此怯懦、不敢冒險的性格，總是只會窩囊的等待機會，對人生追求可說是毫無作為，難怪會被資深經紀人說我「人生毫無企圖心」。我發現我總是羨慕別人可以好勇敢，可以隻身一人去國外打工、為了追逐夢想可以花光積蓄、可以一個人北漂打拚、甚至出國留學、可以勇敢冒險創業、甚至跟銀行貸款……他們都告訴我：「大不了失敗了就回家。」我才發現「對耶～大不了就回家！」但，我能去哪？不能去哪，我會露宿街頭、我會餓死。

為什麼別人都敢，為什麼我什麼都不敢？為什麼我會這麼膽小、保守？後來我意識到，不是我膽小，而是我沒資格。我根本沒資格冒險、沒資格做夢，因為如果我倒下了，是毫無依靠的，別人如果追夢或創業失敗，至少還有家可以靠、家人可以當後盾，就算家裡沒錢負擔，至少有「愛」可以支撐、回家有家人可以「陪伴」度過難關，愛的力量是非常強大的。但，我什麼都沒有……身旁從來沒有人支持我，我經常會想，我努力給誰看呢？我做到了有人會為我喝采嗎？不會。有天我站上大舞台了，有人會為我驕傲嗎？沒有。

經常在努力的過程中想放棄時，或是真的做到了什麼但很快隨之而來都是空虛感，因為我不知道，自己到底為了什麼而這麼拚命？每次我都好羨慕有愛能支撐夢想的人，好羨慕成功的喜悅有家人能分享的人，看到那些家人會來看演唱會的、重要時刻第一個打給家人分享的、上台領獎感謝家人說出：「爸媽，我做到了！」我都會覺得好羨慕而鼻酸落淚，我想著有天我做到了，我要跟誰說？誰會與我分享這份喜悅並為我驕傲？或是那些想放棄的辛苦時

刻，看著身邊人總想著因為「愛」家人，想給家人過上好的生活或做給家人看，所以咬著牙都會撐過去，我一直都認為「愛的動力是非常強大的」，可偏偏卻是我最缺乏的……

記得出道前幾年，女團發唱片的記者會前夕，公司都會幫我們留座位給各自的家人親友團，大家都是一一數著爸爸、媽媽、哥哥、姊姊、親戚……之類的，總共要留幾個位置，而我總是毫不遲疑地說我不用了，我的席位扣打讓給其他人的家人。每當記者問起我們終於發片了，家人有說什麼嗎？家人有沒有很感動？我就更是尷尬了，總是交給團員姊姊們幫我解圍，而我心裡都會默默地想，他們可能連我出唱片都不知道吧。

一直以來都是自己默默努力，除了賺錢是唯一目標，其他幾乎算是毫無方向的努力，總是覺得好空虛、好孤單……這麼努力、這麼好給誰看呢？我賺錢來孝敬誰呢？我要證明給誰看呢？誰會為我驕傲呢？我連好不容易賺到錢給自己買房子了，都不知道可以跟誰分享這個喜悅。「喪失分享的慾望，是所有散場的開始。」我意識到我已經和這世界上所有的「關係」散場了，陷入谷底的這一年多來，我本就沒有親人關係、也不再相信自己值得擁有愛情、也喪失了和人社交的能力，我覺得自己不重要到，應該沒有朋友會想聽我分享我的事吧，把自己活得徹底的孤獨、封閉、憤世嫉俗、厭世、空虛、自怨自艾……完全體驗不到快樂、熱情、衝勁，才會一步步走向自我了結。但一次次了結的失敗結果，都彷彿有個神在悄悄告訴我：「我還不能死，我有任

務沒有完成。」那我到底該怎麼做？

我很慶幸，在課程中的某一個當下，我的人生突然猶如被人當頭棒喝般徹底醒過來，那一刻的體驗我永遠不會忘記，好像人生過去二十六年都活在一團白霧裡盲目的前行，開悟的那一瞬間，彷彿一棒打下去，我世界的迷霧剎那間一哄而散！我終於明白了：

> 所有問題都是自己造成的，所有的體驗都是自己給予自己的，別人根本給不了我。是我本質上沒有接納自己、不相信自己是值得存在的、不相信自己是值得被愛的、不相信自己是足夠好的……那些我所需要的體驗：認同感、信任感、安全感、成就感、聯繫感、愛……全都應該是由『我』自己為自己創造的。

當我在那瞬間開悟了這件事，我人生像是在那一分那一秒重獲新生的感覺，過去二十六年我好像不曾活過，我覺得直到 2019 年 8 月 9 日下午 2 點 40 分，此時此刻我才開始真正活著！我永遠不會忘記這一天，我甚至覺得那才是我的生日！

我的血液終於流通了！

我終於有了溫度！

人生視野終於變得清晰！

我突然意識到自己來到這世界是帶著「使命」的！

我的存在是有很大價值、很有意義的！

> 而當我知道什麼事情都要由我來創造時，覺得自己充滿力量！
> 我要成為我世界的造物主，我要改寫我的人生！我要的世界，由
> 我來創造！

## 宛如重生，
## 開始更新自己的信念與習慣

後來我便開始學著自我重建，開始試圖改寫我的信念系統，鍛鍊新的習慣。
以上舉例是提出自我最大核心價值的醒覺和重建，當然人生還有很多其他的
負面對話，開始都被我一一阻斷及重組。我花了很長的時間努力練習，透過
冥想、寫日記、記錄下收到的讚美，我會截圖甚至抄在日記本裡頭、透過對
鏡子裡的我對話……努力給自己創造新的、正面的對話來覆蓋我那些潛意識
裡負面的方程式編碼，我開始在意識中寫下了各式各樣可能的註解：

他看我也許只是因為我跟他某個朋友長得很像

也許只是因為我身上的衣服他覺得好看

甚至可能只是因為我長得好看

我的反應很有趣

我其實真的很漂亮

我是很棒的

我其實也擁有很多人不會、甚至學不來的才能

> 我寫下了各種我會比較舒服的「對話」，為自己打造新的信念系統，我開始懂得欣賞自己、看見自己的好，我和我自己開始有一個新的、不一樣的關係。當然我不會說，我現在已經完全不會再往負面想了，偶爾還是會，畢竟深植潛意識的東西很難完全根除。但我也重建了很多新的、好的對話在我的意識裡，我看待自己沒有這麼糟糕了，我覺得自己已經進步了許多、很多時候也比較放得開了。因為我知道：我可以改變我的視野，我看待自己的眼光開始不同了，我不應該讓別人來定義我，我是個怎麼樣的人，來自於我怎麼看待我自己。

「人會得憂鬱症，是因為不知足」很多人認為這句話是錯的，甚至給說出這句話的人無限上綱，但其實我並不認為這句話完全錯誤，因為我們……

> 不知道自己已是足夠的。

不同家庭和生活環境，真的會養出心理原型很不同的孩子。我反觀自己過去憂鬱很長的一段時間，當時心理狀態，真的覺得自己是不重要的，不值得被看重的，對自己的存在解讀都是負面的。我沒有正常快樂的童年、沒有愛我

的爸媽、沒有溫暖的避風港、沒有無條件支持我愛我的人……我總覺得自己
比別人少了好多東西，總覺得這世界對我真不公平。生病時，我看見的全是
那些「我沒有」的部分。但其實我早已擁有許多東西，只是我看不見「這些
擁有其實已經足夠好了」，因我對於「不知足」有另一層面的解讀。

雖然沒有在父母的愛及呵護下成長，但其實我也好手好腳的，身軀和腦部都
是完整的，沒有太嚴重的先天疾病和缺失，身上也沒有外顯巨大到無法忽視
的創傷；雖然成長環境顛沛流離，但也還算衣食溫飽、沒有被遺棄在路邊，
都還是有遮風避雨的房子可以居住；雖然沒有機會學習其他技藝或是擁有優
渥的教育環境，但我也算是有受到基本國民義務教育，基本該學習的知識都
有學習到；一路上雖然經歷很多黑暗與創傷，但至少沒有讓我因此喪命或殘
缺、或是孕育出太偏差的人格，更沒有迷茫到偏倚、鑄成人生大錯，我讓我
的人生都還算是走在正規且明亮的道路上；我的環境雖然給我造成很多恐懼
和障礙，但也鍛鍊出我獨特且強大的性格，擁抱這些特質並好好發揮，我也
能成為不錯的人……其實，我真的擁有了好多，一路上可以好好活到現在，
我已經很幸運了。我應該要好好正視它們的美好，並擁抱這些「擁有」，讓
這些擁有都發揮出價值。

人的潛意識有如冰山一樣，我們知道的「意識」只是水面上的一小部分，但
其實主導我們整個生命的，是水面下那 90% 的潛意識，我們以為我們用主
意識主導著行為，其實潛意識早就幫我們做好了選擇。所以經常時候我們不

知道自己為什麼這樣看待自己、看待事件、看待別人，我們不清楚自己為什麼做這樣的選擇、為什麼總是遭遇一樣的不幸、為什麼遇到的都是傷害自己的人，我相信這一切都來自於潛意識系統的建立，這些事物都是我吸引來的，是我先這樣看待了自己、是我先傷害了自己、是我先看不起自己、是我先不愛自己……這些都來自於我的信念，而信念系統和潛意識的建立，大部分都是來自小時候的環境與經歷、還有重大創傷事件……我知道我經歷特別多黑暗與創傷，所以扎在我心裡那些黑暗的根真的很深，哪怕我至今都在鍛鍊、這些年來工作之餘的時間，我大多都在和自己的意識相處。不斷往更深的心靈進修上課、冥想、寫日記、每天對自己說話。

那些黑暗從不會真的灰飛煙滅，跟演藝圈的人相比我還是非常不足，不管是自信還是演藝成績。但至少我知道了「我，是一切的源頭」，我就能選擇不同的視野、鍛鍊自己不同的面向、接受自己、愛自己，我就能給自己力量去創造、去冒險、去突破、去重新相信愛、也相信自己是值得被愛的。

從 26 歲開悟到現在，持續的鍛鍊帶給我持續性的覺醒，我越來越開悟、越來越懂得和自己、還有這世界相處。很多人都說，我真的改變了很多，而且是非常外顯的。我收到不管是來自身邊人、觀眾、粉絲、朋友……無數的反饋告訴我，我真的變了好多，長相明明沒有什麼變化，但就覺得我變漂亮好多，說不上來的改變，感覺我整個人都不一樣了，甚至聽到最常對我說的一句話，就是「妳整個人在發光」、「妳好發光」、「妳是光」，起初還不太

適應這個回應，甚至有點匪夷所思「發光？？我被附體了嗎？」到這幾年越來越接受也明白了，因為我正努力把自己活成一道光，我想照耀別人、溫暖別人，我想成為別人的力量，我想讓很多人知道，如果我都可以了，那你也一定可以！每一個人，都一定有個發光版本的自己，只是有沒有發現那個開關而已，我真心希望每一個人都可以找到自己生命的那開關，把自己活得閃閃發亮！活成自己也會欣賞的那種人！

開始上狼人殺節目時，差不多也是我開始探討心靈與潛意識的時期，心靈逐漸變得健康，身體也就跟著康復，狼人殺這個舞台剛好能讓我展露一部分，大家從前未知的我，也讓我磨練「如何流暢表達自己的想法」，觀眾對我的認識和評語都跟前幾年的我，真的相差甚遠。所以我真的非常感謝帶我去上課的老師、還有狼人殺讓我有呈現自我成長和突破的機會，而後我的工作也越來越多，更重要的是我終於清楚自己想要做什麼、我開始走在理想的道路上、做著喜歡的事情，慢慢活成自己也會喜歡的樣子，這是我人生一大轉捩點。

雖說情緒病沒有絕對的「好了」，也不是好了就不會再復發，但至少我後來這幾年找到人生動力、自我存在的意義之後，鮮少再發病過。且長期的自律神經失調、多重器官問題也全都莫名康復了，所以我相信身體狀況大多和心理狀態相互影響，你的心理純淨有力量，身體就會自然健康且充滿活力。

在這段歷程中，最關鍵的是「找到自己意識的根源」，有了第一步，才能逐漸在黑暗中走向光亮，也才能有之後持續性的覺察與鍛鍊。後來也把這個過程中一部分自我扭轉、走出憂鬱症的方法，整理為老泫長談的第一支影片：《陷入情緒低潮時該怎麼辦？ 5 個克服負面情緒的好方法》，以後也希望自己能透過不同形式，分享更多心路歷程和方法給大家。最後也想和大家說，上課是我人生重要的轉捩點，它是使我意識開啟的工具，但並不代表每個人上了課都會有一樣的效果。就像是同一間學校也會教出好學生和壞學生一樣，重要的還是在於如何運用這些工具的人。它是一個契機，但更重要的是我如何吸收以及後天回到人生的自我鍛鍊。

“在最平凡的生活，堅持著努力，
總有一天，你會站在最亮的地方，
活成自己曾經渴望的模樣。”

那些年的隻字片語

讓我能與心中的魔鬼抗衡

或許這一切
都是安排好的

原來，

我的過去能帶來力量。

或許，

這就是我存在的價值。

有位網友曾經對我說過，或許就是要在我這種人身上發生這一切，也因為我
有話語權、有鎂光燈，才能廣泛地去給人力量，這是我在這圈子的使命，要
我繼續保持、繼續發亮。收到這個私訊讓我省思了許久，加上透過上課慢慢
找到自己的存在價值，才慢慢地看見自己能在這圈子待著的「資格」。

明明最初沒有明顯的興趣，我也覺得自己很不適合。但總是會遇到機會、總
是會莫名被挖掘，好幾次自我放棄卻又會突然有契機被找回來，雖然一路上

沒遇到什麼貴人或前輩的提拔，更是沒有大公司的人脈資源，卻也這樣一走就走了這麼多年，好像冥冥之中就是要我踏上這條路，讓我在這極度競爭又複雜、又特別需要展現自信的環境，大量的逼我和我的抗拒共處，才能讓我更快速、更有意識地去認識自己、重整自己，加速了我的成長與開悟。讓我不得不快速地把自己，從過去的黑暗創傷裡、自我否定的深淵拉出來。

我曾想過，如果我只是去當個普通上班族，就會讓自己活在安全、保守、看似沒什麼問題的舒適圈裡，就不會在大環境遭遇大挫折、痛苦與撕裂，我就不會這麼早看見自己的人生課題、這麼早醒覺、這麼早扭轉自己的信念……就像那位網友說的：「要由我來經歷這些，然後站在聚光燈下，才能廣泛地給人力量。」

## 我的故事，
## 原來有這麼大的力量

上完心靈的課程後，我終於搞清楚，為什麼我會有這麼多的障礙？根源是來自於什麼？過去我為什麼會這麼沒有自信。我也在上課中發現，原來我人生的歷練算很特殊，同學都一直問我，你要不要出書？我的介紹人甚至希望我的故事拍成電影或影集，總說著我的人生真的好荒謬，會不會太精彩了？怎麼什麼事都能發生在妳身上？妳怎麼能活成現在這樣？聽到我的故事，給

他們很大的力量，開始覺得他們沒有什麼好抱怨的，他們沒有什麼好不知足的，我都可以活成這樣。這些回饋，讓我更加覺得我好像真的應該要來透過書本、透過文字，把這些轉化後的能量，分享給更多人。

自從我選擇了誠實面對自己的過去，選擇了在大眾面前坦誠後，這些年來，我收到數以萬計的留言、私訊和卡片告訴我，我的故事給了他們多大的力量，有些人會意識到原來自己已經擁有很多了，應該要更知足、更感恩；有些人會告訴我他們和我類似，終於讓他們看見他們不孤單，有和他們一樣的人正這麼努力的活著、這麼努力的發光著，給了他們也要努力為自己人生綻放著力量；有些人則是同情和佩服我的際遇，告訴了他們要成為更負責任的父母親；有些人則是希望他們的孩子能學習我的自律、獨立及堅強；有些人甚至形容我為浴火鳳凰，帶給他們看見生命的希望……等等，我收到好多好多，我真的真的好感謝這些給我反饋的人，你們可能不知道，這給了我多大的支持力量，讓我終於能看見自己存在的意義和價值。我甚至會想，我的機運讓我這種如此反差的性格，卻還是走上這條演藝路，是不是要我聽見很多好的聲音，為了讓我和過去積累的巨大黑洞抗衡，我才能憑藉這股力量，去重建我的信念系統，活出我生命的價值……

> ❝ 或許，要成為一個公眾人物，不一定要真的很厲害，而是你身上有些能讓人學習的地方，就能成為一個有影響力的人，或許這是我存在這裡的價值。❞

這些年來我轉變了很多，我慢慢解開一個個讓我停滯不前的癥結點、解放一個個蜷縮在黑暗角落的我、活出一個個發光的自己！

其實，每一個人的存在都是有價值的，只是自己發現了沒。我非常感謝在26 歲時，開始了心靈探索的旅程，不然我可能至今都還沒意識到，可能還會茫然很久、憤世嫉俗很久、孤獨的活著很久之後，人生真的付上了慘痛代價……才會有一天可能意識到一些問題，不知道還要經歷多少巨大的創傷，自己才會真的救贖自己，開始改變。

我終於明白了，為什麼生命的醒覺和開悟，是這世界上最珍貴又奢侈的事物。認識了自己的深層內在後，我的醒覺之門被打開了之後，這幾年很多人感受到我性情大變、急速成長，因為我一直逼自己快速跨出那一步又一步。

以前的我，有些訪談就只會哭，也講不清在傷心什麼。但現在我慢慢能夠侃侃而談，能夠跟自己的內心與意識連結後，醒覺了許多事，才知道自己某些無以名狀的情緒是為何，腦中的千絲萬縷也才有可能整理清楚說明白。對我來說「成長就是，不斷拾起和放下的過程。」現在的我，花了很多時間和自我潛意識連結、以及鍛鍊自己「成為我所鍛鍊的」，這些年我拾起了很多、放下了更多，才能有今天這樣能自在侃侃而談的自己。

## 如何一點一滴長出自信？
## 做自己人生的「功課型玩家」

大部分人都有著快樂無憂的童年，兒時對自己有著與生俱來的自信，但隨著越長越大，開始出現被比較的經歷、和出社會後遇到重重打擊，逐漸產生自己可能沒有想像中那麼好的自我對話，自信是從一百分慢慢被消磨掉；但我是相反的，從小便在自我懷疑及否定中成長，不斷被大人灌輸醜陋、怪胎、沒人要……的負面標籤。

到了學校、出社會後，才從他人口中得到一點肯定與讚美，彷彿人生是從「負分」開始的。甚至，那些自我懷疑的生命註解，不是我自己從某些事件自己定義而生的，而是有人真真切切，在我對世界及自我還沒有那麼深度認識的年幼時期，不斷説給我聽，不斷灌輸給我，讓我被迫建立起一套黑暗的自我認知。

那些年的隻字片語

現在很多人都會好奇我怎麼能這麼樂觀、正向？怎麼看起來變得自信許多？甚至知道我過去的長輩詫異問我：「妳怎麼能活成現在這個樣子？」我想，一切都是來自於醒覺的開端、信念的重組、改變看事情的視野、以及日復一日的持續鍛鍊，讓正向思維、樂觀、自信都成為我新鍛鍊起的技能與新的習慣養成。

**第一步：砍掉重練，跳脫第三人角度看待自己。**

先來談談自信好了！我想我的自信是從「負分開始」的，經過這三年可能慢慢長到正的 20％、40％、60％⋯⋯雖然無法完全百分之百的自信，但我能從負分的深淵爬出來，對我來說已是萬幸，所以我很珍惜這養成不易的一點一滴小小自信。

> 在重建自信的過程，對我來說第一步最重要的就是「砍掉重練」！

而要從哪裡砍？第一步就是得先自我探討，要去找到根是從哪裡長出來的。我探究到自己不自信的根源，來自於小時候大人的那些嘲諷的負面標籤和嫌棄、還有不斷被拋棄的過程，加上後來不管是工作上和感情上的一些創傷經歷，都讓我從小便開始建立了自己沒價值的存在、我很醜、我沒有人要、我沒有用、我很差所以不值得被愛⋯⋯等種種負面信念深植我的潛意識裡頭，當我把這個信念養得大到佔據我主意識的時候，我便聽不見任何人對我的讚美，甚至打從心裡覺得那些「讚美不是真的，批判我才是真的」，才會有後來舞蹈老師和我聊天發現我過度放大少數網友負評的詭異現象。

而我為什麼這麼深信自己有這麼差？自我探究後發現是因為，說我差的人都是我認為「權威型的人」，我發現不管到了哪個年紀，人會不自主容易被權威型人物的一言一行影響自己的中心思想。我小時候的權威是周圍的大人

們、工作上是老闆、製作人⋯⋯過去二十六年我都是活在充滿抨擊的對話裡頭，我自然是一點自信都沒有。我的內心狀態像極了電影《靈魂急轉彎》那個主角 22 號，有一幕在看見內心那些巨大魔鬼都在對他說攻擊他的話，我的內心就長那個樣子。

接著要如何「斬斷」。首先第一步就是要學著跳脫第三人角度看待自己，你不再是你，你是另外一個拉出來的靈魂，重新「中立的檢視」你這人的個體。看著我屈指可數的小時候照片，用一個不認識這個人的角度去看，我發現其實真的不醜呀！用我的審美標準看，甚至覺得還滿可愛的呀〜同理我也會看著自己其他照片重新端詳一番、也會看著鏡子裡的自己，當作不認識鏡子裡這個人，從頭到腳重新「欣賞」自己，發現自己其實長得很完整了，該有的都有，身上也沒什麼殘缺，雖然也沒長得國色天香的美貌，但也算是眉清目秀了，以沒整形來說，算是也稍微有個中上了吧，有時甚至被自己瞥過鏡子嚇到：「哇！這是誰？也太漂亮了吧！」

除了長相之外，也跳脫第三人重新審視我這個人的價值。

我很獨立、很努力，可以自己照顧自己、養活自己；我很堅韌、沉穩，能禁得起大風大浪、處變不驚；我很自律、很承諾，總是嚴以律己的鍛鍊自我；我很有趣、鬼靈精怪，我時常能讓身邊人發笑、跟我相處都會很開心；我很同理、很聆聽，解惑了很多人的人生疑惑與困境、很多朋友甚至都說我是他

們的心靈導師；我很有愛、很願意，默默做了很多公益、幫助了許多需要幫助的人……雖然我沒有身懷絕技，但跳脫出來看我也不是真的像他們所說的，是個完全無用的人呀，我依然有很多可以發揮的優點與價值。

我開始學著斬斷那些批判的聲音，重新給自己建立新的自我認知，如同我前面所說，我們要當自己世界的造物主，你可以聽從他人的話語，給自己建立一個負面認知；那更應該選擇聽從自己的話語，給自己重新建立起一個新的、正向的認知。就算是催眠也好，我會每天練習告訴自己「我真的很漂亮」、「我很棒！」，也開始學著接受他人的讚美，放大那些對我來說「好的聲音」，為了讓自己「放大」那些聲音在我腦海裡，手機存了至少幾百張好的回應的截圖，甚至會用筆一字一句抄下來在我的日記本裡，並邊寫邊唸出來，讓自己對好的認知開始慢慢長出來，學習有意識的去吸收這些話語。

> 刻意練習，看見自己的好，鍛鍊知足的能力。

斬斷了之後，「重練」更是極其重要且漫長的過程。除了自我對話的重建，更重要的是實質行動上的積累。常常會聽到一些成功人士安慰沒自信的人會說：「沒自信就去做你擅長的事。」可能對有些人來說是完全無用的，像是我這種自我認同感極低的人，連存在的意義都找不到，更不用說能看見自己有什麼長處，連長處都看不見時，這樣的建議對我們來說根本無從著手。既然無從著手那要如何長出自信呢？在我們都還不知道自己長處及對什麼有熱

情之前，對我來說最有效的方法就是從多嘗試、多摸索、多學習開始，在這些過程中慢慢尋找自己的熱忱。

**第二步：多嘗試、多摸索、多學習，凡事盡最大的努力。**

我很感謝自己與生俱來的好奇心和喜愛學習，對於不明白的事物總是想去理解，從小就愛看《十萬個為什麼？》、各種偉人傳記或是發明史……這類可以為我大大解惑的書籍，因為我是個天生充滿好奇心的孩子；也許是因為自認先天不足，所以很愛學習，條件允許下不會輕易放過任何可以學習的機會。因為這種天生強烈的好奇與好學，讓我總能在各種環境，如：學校、閱讀、影片、各個工作領域等，學習到很多事物，開悟之後更是在每一個環境、和每一個人相處、甚至發生的每一件小事都能讓我學到好多事情，任何人都能是我的導師，甚至能覺悟於萬物。經常會因為一件小事、一個瞬間，給了我大大的啟發。而這一點一滴的小小學習，都在慢慢孕育我自信的小種子。

我認清我沒有別人那種優渥的環境，很多事情沒有從小培養，也不知道自己有什麼天賦，都是長大後自我探索的旅程，才慢慢發現的。在演藝圈這種身懷絕技的環境裡，當然經常會覺得，如果我從小有機會學習樂器該有多好？可以從小學芭蕾或體操之類的該有多好？如果可以出國讀書該有多好？然而過去已無法改寫，現況也沒有太充足的時間與空間條件讓我慢慢摸索，但我能「在有限裡頭，發揮無限」，這是我現在在這份工作裡，能越來越自在的一大原因。

在學習上，我能從各種工作機會裡頭，學習我想學習的技能。即使是簡單的一集節目通告，例如；錄製狼人殺節目時，我就能鍛鍊自己思考組織能力要加快、鍛鍊察言觀色的能力、鍛鍊聆聽的技巧、甚至大大提升自我表達能力等；錄製猜歌王時，本以為自己應該是毫無音感、樂理能力，但也竟然從中發現自己對音樂是敏感的，也能藉此鍛鍊自己對音調的敏銳度及反應速度；錄製各種談話類型節目，能從中鍛鍊自己說故事的能力與應對進退；錄製外景節目時，能鍛鍊體能、學習融入群體、團隊合作、臨場反應、適應環境等能力，甚至很多時候會遇到必須短時間內自我突破恐懼的環節，例如：各種高空挑戰、吃平時不敢吃的食物等；錄製表演類型節目，更是能因此得到免費學習表演甚至技能的機會，雖然短時間內快速學成還要夠膽演出，總是讓我壓力山大，好幾次想逃避或臨陣脫逃，但好險每次都有堅持下來，完成挑戰後都很有成就感，是最痛爽的通告⋯⋯

對很多人來說也許只是簡單一個節目錄影，但這些對我來說都是自我探索的過程、更是可以學習和鍛鍊的好機會，當然其他更大、更具挑戰性的工作機會，那帶來的力量和成長幅度更是加倍的，我想我的熱情就是在於這些從中學習及突破自我的過程，所以我非常珍惜每一個大大小小的工作機會，對我來說都很有收獲，工作起來對比以前，也更有熱忱許多了，相對表現得也比之前更放得開許多了。

對我來說，只要找到興趣我就會努力到極致。例如：剛開始接觸狼人殺時，

因為我下了通告還要回家直播，不太能有時間出去實戰練習，我就會在直播後不斷看影片，每天都會看娛樂百分百的狼人殺單元、還看到對岸的狼人殺節目、甚至台灣網紅拍的相關影片我都會看，除了看各種的教學解說影片來了解各種版型規則，甚至同一集節目最高紀錄播放八次，每次扮演其中不同位置和角色，訓練自己該怎麼發言。我是真的會按下暫停鍵，自己在家開始「四號發言，首先抿牌覺得……」對著空氣練習說話，不斷自我重新檢視、反覆思考怎樣講可以更好，如果抽到其他角色，現在這局勢我可以做些什麼讓我的隊伍獲勝，我可以如何說服場上的人？

我還會在每次「確認角色身分時」也按下暫停，觀察每個人抽不同角色的反應，把這些資訊記在腦袋裡的資料庫裡頭，鍛鍊自己察言觀色、觀察表情細小變化的能力。遇到不太理解的情況，甚至會打給友人復盤，請他為我詳細解說為什麼會這樣？邏輯基點為何？或是我能怎麼發言翻轉場上劣勢？我就像個充滿問題的好奇寶寶抓著問個不停，我一定要完全解開了才願意放過。

也因此經常一看影片、一復盤就到隔天早上，有時甚至到了中午，誇張到經常都沒睡的狀態下去工作。還會經常把狼人殺節目播放當背景音樂睡覺，無形中鍛鍊自己聽力，種種默默努力都是希望自己可以越玩越好，不要辜負節目給的機會，更不要愧對自己難得發現的熱情。

**第三步：去突破！把自己「踹」出舒適圈。**

有很多人認為世上的規律是「Have-Do-Be」。意思是人要先「擁有」了什麼，才能開始「做」些什麼，做到了之後，最後才能「成為」一個怎麼樣的人。例如：有些人會認為，要先「有」錢和時間，才能去「做」些讓自己開心的事，最後才能「成為」一個富足的人。但其實世界的運作恰恰相反是「Be-Do-Have」。當你培養出一些信念，這些信念會主導我們的行為模式與選擇，然後我們就會開始獲得一些想要的東西。

以前我也是覺得自己得先擁有什麼成就，我才有資格能做些什麼事。例如寫書好了，我一直認為自己要先成為一個很厲害的人，我才夠格能出書。這就是為什麼我一直想做這件事情卻遲遲拖了這麼久，因為我自覺自己還不是個成功人士，應該還不夠格吧。而當我開始學會扭轉與重建信念之後，我發現自己能在這樣的曲折的成長環境，活成這樣正向的人生已經實屬不易了，某程度來說我已經是一個足夠好的人了，砍掉重練了那些他人對我的負面標籤與定義，我學著只讓自己來定義自己。當我看待自己的眼光開始不同了，我才能驅使自己做些真正想做、但以前都不敢做、認為自己不夠格做的事情。

跨足 YouTube 也是給我自己很大的突破、挑戰更是充滿鍛鍊，其實我本來就是一個喜歡記錄生活又非常念舊的人，除了從小就愛寫日記以外，手機裡的照片、影片、聊天紀錄等我幾乎不太會刪除，因為對我來說那些都是寶貴的回憶，都是記錄每一個「當下」最好的證明。人生就只有一次，時光一去不

復返，能在每個時期留下一些什麼，對我來說是重要的，更是自我檢視有沒有在前進，一個很好的對照。起初創立 YouTube 是想分享自己的生活，一開始是分享一個人的旅行 Vlog。要跨出第一步總是困難的，我從想做這件事到真正開始中間也猶豫了幾年，停擺在那兒，因為我就是一個做什麼事都思慮很多的人，我先認定了自己是這世界上不重要的人，我有什麼資格與人分享？誰想知道我的生活、我的故事、我的想法？導致手機拍了很多本來想分享的影片都沒有發……是後來上了課之後才開始把自己「踹」出舒適圈，勇敢的去做想做的事情，開始從中努力鍛鍊自己不要總是那麼多預設立場，預設了會不會打擾到別人？別人會怎麼看？會不會覺得我很煩？……預設了各式各樣覺得可能讓人不舒服的體驗，過度在意他人看法，但其實很多時候真的只是我們想太多了，當我清楚自己做這件事的出發點和目的，其實只是很簡單的「想記錄、想分享」而已，我又沒有傷害到別人，到底為什麼要想這麼多呢？

記錄工作花絮的過程，我可以從中鍛鍊自己多突破，如：主動和人說話、多和人互動交流、更專注於每一個工作細節，如果沒有一個目的性要我去突破，其實我是一個非常恐懼社交的人，從小到大大多時候我都是獨來獨往的個體，因為我自認自己不擅交際、也不太懂得如何融入群體，直至今日我都是一個沒辦法自己去上通告、到工作環境主動去和他人交流的人，一定要有經紀人陪同我才敢，常常也是經紀人的瘋狂鼓吹，要我多去跟其他人聊天互動，不要總是自己躲在角落……所以我很感謝經紀人還有拍片，讓我有個被

「端出」舒適圈的動力，才能逼得我這種窩囊又閉俗的人，努力快速成長。當然相比身邊人，我還是顯得不足很多，大多時候也沒有太融入群體，但和我以前極致孤僻的性格對比，我在我的世界裡已經進步許多了。

曾經我的導師告訴我：「如果妳不樂於分享自己，便永遠不會享受妳的工作，會覺得工作是在扮演一個人，那久了對妳來說會使妳痛苦的。」我仔細回想過去工作後回家會靈魂抽乾的掏空狀態，的確來自於我沒有享受其中，大多時候都覺得是痛苦的。於是我開始試圖愛上這份工作，透過多上節目和跨足 YouTube，讓我在「樂於分享」這件事有很大的突破和鍛鍊，YouTube 除了起初分享生活和作品，我開始也學著分享自己的想法、自己的愛用品、自己覺得值得分享的資訊，不管是美妝、保養、穿搭、吃吃喝喝、旅遊相關等，越多次突破的累積，終於有讓我慢慢開始愛上「分享」這件事，我的工作狀態這幾年才越趨自然和舒服，也漸漸愛上突破帶來的成就感，讓我越來越愛上自己的工作。而當我發自內心在享受這件事的時候，是很有感染力的。

這幾年我也收到很多反饋告訴我，他們看了我的影片、節目、照片、文字等等，都會被我的正能量感染，覺得被療癒了，甚至讓他原本低氣壓的一天變得開心，有些分享甚至對他們來說受益良多，這些反之而來也給了很大支持的力量，更看見自己能發揮的價值。當你突破了越多事、讓自己的抗拒越來越少，你才能在更多環境與當下，更舒服、更自由，所以與其說是突破舒適圈，我認為「擴大」舒適圈，才是更重要的目的。

**第四步：做不容易的選擇，積累成就感。**

在重建的過程中，逐漸找回自我認同感之外，積累「成就感」也是非常重要的。先不要急著設定多大、多艱難的目標要去達成，那很容易會因為失敗，又把我們好不容易累積到的小小自信擊垮了。

我更傾向於一點一滴的小小累積，我發現自己積累成就感是來自於「做那些較不容易的選擇」，例如：選擇待在舒適圈是舒服的，但要逼自己跨出舒適圈是不容易的；選擇放棄是簡單的，但無論遭遇多少困難都堅持下來是非常困難的；選擇休息是輕鬆的，但要選擇自律、時時刻刻都選擇付出百分之一百的努力是很折磨的；選擇以其人之道，還治其人之身是爽快的，但要不管經歷了多少傷害，仍選擇以德報怨他人是非常困難的……而我發現大多時候我都會做那個較困難的選擇，當我做到了之後，就會知道自己是多麼的不容易、我做了多少努力我自己會知道、我有過多少次想放棄但我仍然堅持下來了……這過程有多麼痛苦、多麼不容易，我自己最清楚，而在這些努力過後最應該好好嘉許自己的人，就是自己。

不要過度放大自己做到與否、有沒有得到好的反饋、成為了多厲害的人……等外顯的「結果」，對我來說，更應該專注於過程中的累積，肯定自己每一次的努力與不容易，雖然可能爬得很慢，但是這樣的建立反而相對健康與穩健。不要過度被結果綁架了，「我創造了結果，但『結果不等於我』」。等日後鍛鍊與結果有健康的關係時，再設定更大的目標來挑戰比較不容易受

挫、又讓自信耗損。好好享受每一次冒險與挑戰的過程，好好感受每一個掙
扎的過程，發揮百分之一百努力的自己，中途一定要記得適時嘉許自己、給
自我鼓勵，那堅持下來的果實不管好壞，都會是甜美而豐盛的。

**第五步：「歸零哲學」，並學著欣賞自己、讚美自己。**

我會因為自己今天做到了環保，沒有用到塑膠而喜悅；我會因為今天即便行
程滿檔已經很累了，回家很想休息卻還是堅持開了直播而喜悅；我會因為自
己今天某個環節忍住了非必要的購物而喜悅；我會因為自己維持了自律、成
功斷食 16 小時以上而喜悅；我會因為自己沒有退縮於某個挑戰或不舒服的
環境，選擇迎接突破而喜悅；我會因為成功控制住自己的情緒、沒有讓情緒
操控自己的行為表現而喜悅；我會能為他人付出，即便這個人曾經傷害我，
我都選擇以善對待而喜悅……因為能有一百個合理放棄的理由，但我沒有選
擇放棄、選擇偷懶、給自己合理化的藉口去做較輕鬆的選擇，我知道我能做
到這些選擇不是容易的事，所以這些都給我的日常積累了一點一滴小小的成
就感，積少成多、積多成塔。

雖然我們未必成為了多厲害的人，或是做到了多偉大的事情。但我經常會提
醒自己及身邊的人「不要小看自己做到的每件小事，沒有什麼事情是應該
的，我能做到真的不容易，我應該要覺得自己很棒！」懂得時常跳脫第三人
稱看待自己，甚至有的時候將自己當成一個孩子一樣來嘉許，嘉許那些做好
的事，給自己蓋一個好棒棒印章。即便沒有人看見你做到了什麼，都沒有關

係，就如同我前面所說「所有的體驗都應該是自己給自己的」。只有你能給自己認同感、成就感，你認為做到什麼事會給你這些體驗，那就去做、去實踐。我們不應該總想著從他人身上尋找認同感，那出發點是非常匱乏的，你做很多事只是為了想證明些什麼而做，如果沒有收到預期中的認同，就很容易會失望、受挫；而且當你自身本就沒有看重自己的時候，就算你收到再多的讚美與認同，你也不會因此得到真正的「滿足」，這就是為什麼我們經常看到很多人明明很成功了、賺取了很多流量甚至金錢，但他仍然不快樂、不自信，都是因為本質上沒有真正的認同自己，收到再多的認同、賺到再多的金錢，他心靈都是空泛的、匱乏的。

很多時候，我傾向於「時時刻刻把自己『歸零』」。在學習任何事物上，永遠不要自滿，時常保持一顆可以吸收的心，每一次的傾空再學習都會獲得不同的體驗和視野；我本就是一個「零」，而後我做到的每件事情都是為我一點一滴的加分，要學著欣賞自己、讚美自己，給自己積累認同感與成就感，也是建立自信這條路上非常重要的鍛鍊。

我曾經看過一則小故事：

有一個醉漢醉醺醺回到昏暗的家門口，當他拿出鑰匙開門時，不慎將鑰匙掉落地上。醉漢就搖搖晃晃走到巷口的路燈下，趴在地上東摸西找，路人經過問他：「你在找什麼嗎？」醉漢說：「我在找鑰匙。」路人問：「鑰匙在這裡掉的嗎？」「不是，應該是掉在家門口的。」「那為什麼在這裡找？」醉

漢説：「因為這裡比較亮。」

每個人對這故事裡的鑰匙都有各式各樣不同的解讀，
而我初見的解讀即是「認同感」。很多時候，我們丟
失了自我認同，總是忙著羨慕別人，覺得別人都比自
己來得更好。

那些年的隻字片語

那些年的隻字片語

> 明明是在自己身上丟失了認同感，可是我
> 們卻總想從別人身上找、在外頭尋找認同。其
> 實，關鍵不是別人是否認同你，而是你是否先
> 認同了自己。

Chapter 5 現在，

我決定我是誰，
我要的世界我創造

# 我的人生觀

## 孤獨的成長歷程

### 倒過來活，我的人生從「負分」開始

許多人是在成長之後，
學會忍受孤獨；
我是在孤獨之中成長，
慢慢學會融入人群。

我的生命歷程相較其他大部分人，我經常形容自己像是「倒過來活的，我像是被摔碎著，落在地球上的。」除了在自我認同與接納的部分，與世界相處的方式亦是如此。

很多事情，我能一個人做，就一個人做。一個人吃飯、一個人看電影、一個人逛街、一人出國旅行、一個人看醫生、甚至一個人去全身麻醉手術……或許是從小寄人籬下，凡事都要問別人或徵求同意，常常覺得自己麻煩到別

人、給別人帶來困擾，所以才會換來嫌棄與厭惡。於是長大後，不管是在工作上還是關係裡，我都不太習慣求助、或請人陪伴和幫忙，很怕自己麻煩到了別人。養成了只要是能自己做的事情，就盡可能自己獨立完成。

## 停止受害者心態，
## 每一件事情，都有一個負責任版本。

每當聽到身邊有人說：「獨處怎麼這麼難？」我都很驚訝，我覺得獨處才是最舒服、容易的，和人相處比較困難。也許是成長經歷帶來的社交障礙，再加上自己是個「高敏感人」，我總覺得自己不太懂得如何與人交際，過度害怕自己會被不喜歡、或是被拒絕、甚至再度被拋棄，所以在群體中我總是不太懂得融入，會不自覺的特立獨行；或是已經被迫置身在群體中，就會下意識的刻意製造歡樂或討好，自己才會有存在的價值。這也是為什麼當初女團團員會說我很愛搞笑、是團裡的開心果。

縱使是這樣，也覺得自己沒有因此比較被接納，反而會有努力卻換來不如預期的失落感。所以對我來說，獨處反而是最輕鬆的，不用承擔可能被拒絕、被不喜歡的風險，也不用刻意創造歡樂，更不用時刻擔心自己做錯反應、說錯話讓人不舒服，所以獨處的時光往往是我最自在、最享受的時光。

為什麼聚會都沒約我？我們不是很要好的朋友嗎？

當我學會跳脫第三人稱看待自己的時候，發現很多事情都是自己的行為模式導致的結果。仔細回首過去朋友邀約聚會或出去玩時，我常常會因為不想花錢而藉口說想在家休息，或是為了想多賺點錢而選擇待在家直播。幾次下來可能給人難約或很忙的既定印象，久而久之對方便會覺得我可能不會想去玩，自然就不會再邀約我。

我才理解到這也許是我自己創造出來的結果，我不應該責怪他人、或過度焦慮自己是否做錯事、甚至讓被遺棄的感覺故態復萌，因此反覆陷入低落情緒裡頭。負責任的去看，如果這樣的結果都是我自己造成的，那我就能自己創造一些新的結果。所以現在變成如果我想去，我就應該要自己釋出訊息。

「懂你的朋友，不需要解釋。」其實我並不是很認同這句話，這句話在我的解讀裡甚至有些不負責任。這世上本就沒有任何一個人有義務要天生懂你，不管再深交的朋友、戀人，即便是最親的家人，都經常會因為誤解而產生爭執了，很多人甚至連自己都不是非常了解自己了，所以更沒有一個人要理所當然的來理解你。「你最好努力表達，憑什麼要別人來理解你。」以負責任角度來看，若你都沒有為自己的言行負責、為自己給人的感受負責，那便沒有資格抱怨，這世上沒有什麼事是應該的。如果你身邊有那個什麼也不用說，就無條件理解和全然信任你的人，那是你莫大的幸運，請好好感謝及守

護這份難得的情誼。

探究心中的根源，是因為我過去把自己看得太不重要，我認為自己不需要把自己事情和感受告訴別人，因為沒有人會想知道。但人又難免會對於別人沒有關心自己、沒人理解自己、沒有邀請自己之類的行為感到受傷、失望，久而久之會形成一種惡性循環，也會讓自己越來越孤獨；受害者的心態久了，對於改變不了現況產生的無力感積累多了，便會轉成憤慨而開始抱怨他人、抱怨世界、變成一個憤世嫉俗的人。

> 「選擇」和「理解」很重要，我們不應該覺得別人自然應該要懂。其實，人生最應該對自己負責的人是自己，如果被這樣對待不舒服，或需要別人怎麼關心自己，就要想想自己有沒有釋出這些訊息，有沒有給別人機會理解，而不是最初就開始怪罪別人，「抱怨，是這世上最浪費時間，還徒勞無功的事」。

「有一類人對你好，是因為他希望你未來這樣回報給他。」以前的我也是這樣，但我後來發現這樣的出發點是匱乏的，是為了填補自己的空洞，當對方沒有回報我的善意，我就陷入負面情緒，我會去關注於「我對你這樣，你怎麼沒有這樣對我？」、「我為你付出這麼多，為什麼你會這樣對我？」這些無意義又沒有答案的問題，進而常常在失望，對周遭人事物失望，聚焦關注的都是「沒有」，而非自己擁有的富足。

過去的我在感情上亦是如此，我總希望對方能愛我多一點、不要拋棄我，而我會在關係裡一股腦地瘋狂付出及配合。不管是在精神上、金錢上、物質上甚至時間，我甚至被開玩笑說自己是「出了名會養男友的」。只要對方想要什麼，我都盡可能的配合，只要是我能給得起的，我都會用盡全力的付出，在他人眼裡就是過分的討好。

後來也在探討心靈的過程發現，其實我大多是帶著「索取」對方的愛為出發點在付出的，我希望對方會因此愛我一點、會不能沒有我，這樣我就不會被拋棄了吧⋯⋯雖然行為上沒有「實質」的控制對方和依賴（我不是太黏人的女友，不會時時刻刻查勤、沒有開過對方定位或要求對方到定點錄影拍照給我），但我會在無形中不小心給予壓力，我會不斷投放出我的不安及恐懼，希望對方來安撫我、照顧我的感受，其實那也是種變相的控制。或是我一些重要資料的「緊急聯絡人」欄位，總是填寫當時的另一半，我理所當然把對方當成了我的「家人」。

> 因為自己對於親情的缺乏與友情的疏離，我大多時候把愛情視為最親密、且「唯一」擁有的關係寄託。

因為總是帶著「索取」的匱乏出發點在經營關係，長期下來，當自己沒有遭遇好的對待，我便天崩地裂「我對你這麼好，我為你付出這麼多，你怎麼可以這樣對我？」、「你明明知道我只有一個人，我無依無靠的，你丟下我，

我就什麼都沒有了⋯⋯」小時候最熟悉的被遺棄感不斷在爭執中重複出現，越來越頻繁的衝突會消磨掉兩人的耐心，關係會越來越緊張，會讓另一半幾乎分不出對我是愛？是憐憫？還是義務？抑或是被迫凌駕的生命責任？長期憂鬱症的我會讓另一半跟我相處感到壓力倍增，好像怎麼樣都無法讓我快樂起來；我過分的付出也會讓對方覺得，好像怎麼做都沒辦法回報我給的愛，對他們來說太窒息了，會太有壓力、想要逃離。

回首我過往的一些愛情經歷，終於能夠理解為什麼會遭遇不太好的下場，因為我從來沒有負責任的看待自己、愛自己、相信自己是值得被愛的，因為我打從心底不信任自己是值得被愛的個體，所以常常在爭執中要對方用很多行動來「證明」給我看你真的愛我，才會勉強相信他是愛我的，我才會罷休，所以吵架都吵得很艱辛；我把太多童年遭遇的不幸，要對方來為我這些負面感受負責，我把過去陰影帶來的恐懼及不安全感，要對方為我負責，甚至，我把自己的生命責任交給了另一半⋯⋯長期下來，我給對方太大的壓力了，難怪愛我的人最後都會想要逃離。

然而，這世界上本就沒有一個人應該要為另外一個人的生命負責，「我必須自己先完整了，才有資格去愛人」，而不是不負責任的要求對方來完整自己。當對方無法為我承擔起這麼大的責任時，我就覺得對方不愛我、我就又覺得自己一直被拋棄，永遠在「被拋棄」、「不被愛」的死胡同裡出不來，困住自己也傷害了愛我的人。負責任來看，其實這些愛是被我自己消耗殆盡的，

這些結果是我自己造成的，我怪不了任何人。

## 有意識的生活，
## 是一種負責任的表現

*學著放下預設立場，鍛鍊中立的發問。*

現在的我，不敢說自己所有的人際關係都做得很好了，時時刻刻都是維持百分之百健康的心態在與人交流，我仍然有些時候還是會有那些自我懷疑的聲音跑出來，無形中又形成恐懼與障礙；但我現在懂得如何負責任於自己的一言一行、負責任的面對人生所有的結果，我開始在每一次提醒自己「有意識的去做選擇」。

我可以開始在大多時候卡住的當下，意識到自己的情緒來自哪裡，我懂得打斷自己，提醒自己對待事物「抱持中立及充滿可能性」的態度。例如：當對方對我態度冷淡甚至拒絕時，我第一時間肯定是不舒服的、受傷的，我會先探討這個情緒來自哪裡「啊！我又開始覺得人家一定是不喜歡我。」、「我又開始自我懷疑是不是做錯什麼事了？」我發現負面解讀來自於「我自己的猜想」但它未必是「事實」，這個恐懼和障礙是我給自己的，我發現後可以開始打斷自己這自動化模式，抱持中立的態度去看待事情甚至採取行動，可

能中立的發問：「為什麼呢？是什麼原因呢？」很多時候對方的回答常常出乎我意料「因為我今天身體不太舒服。」又或是「嗯？沒有哇～我沒有心情不好呀～怎麼了嗎？我剛剛口氣不好嗎？」發現我真的是過度高敏反應、時常都想太多了，很多時候不必要的負面情緒，根本都是來自於自己的想像，人家根本沒有怎麼樣⋯⋯

　　一個人看待自己的看法，就是他看待世界的看法。

生活中大大小小的事都能夠應用這個公式，會發現人類大多的負面情緒，都來自於我們潛意識裡既定的「自動化模式」，其實很多事物並不是如我們所想，所以開始懂得有意識的反思，就能練習有意識的打斷自己，從而有意識的做出另外一個選擇。積累久了，人生會創造出很多不同以往的結果，你會發現人生開始變得不一樣，周圍的人都變得不一樣了。其實不是外在事物真的改變了，而是你從裡頭、從意識、從心態、選擇與行為，都是從自身改變了，你的視野不同了，你的世界就改變了。

當我學會了「當責」，懂得負責任的看待自己，所有一切的問題都與我有關。意識到自己做很多事都是為了討好、為了證明自己是有價值的、害怕自己不被愛、被拋棄⋯⋯總是帶著這些匱乏的出發點，當然在關係裡經常導致匱乏的結果。而當我看待自己的眼光不同了，我覺得自己其實早已是個富足的人，我便能自然的付出愛、給予愛，更游刃有餘的去解決大部分的問題，

不再那麼容易受困於自己想像出的受害者環節裡頭。對身邊人的付出，目的變成單純希望對方開心或有因此變得更好，有收到我的愛，便足矣。

現在經常不會記得我付出了什麼，更不會再奢求對方回報我，當我開始從意識上不同後，我覺得我得到的「愛」反而更多了。我現在經常會覺得自己備受幫助、收到滿滿的愛，常常都覺得好感恩、好幸福。我的日記裡從以前對世界充滿抱怨、對自我充滿懷疑，到現在充滿了我看見的美好、對周遭人事物的感謝、每一天的醒覺與生命的啟發。我打從心底感受到自己是一個非常富足的人，因為我富足，所以我想給予、想付出給身邊人，我想讓更多人收到我的愛，僅此而已。當你心中開始充滿愛，你望眼世界全都是愛。

我們反思自省，藉以意識到自己想要怎樣的生活狀態要自己營造。反思，不是代表過度檢討自己做錯了什麼事情，而是要懂得負責任的檢視自己，當責於自己想要創造的人生結果。

那些年的隻字片語

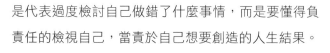

"曾是困擾，但也能成為禮物。
練習停止受害者心理，讓自己從匱乏黑洞中走出來。"

鍛鍊一位靈魂教練

陪著你，問你：「怎麼辦？你想怎樣？」

我的意識裡，

有位嚴格的教練，

不聽藉口、不聽廢話、

會打斷我無意義行為，

和我對話。

人總是花多數的時間與專注力，在那些我們根本無法掌控的事情上，例如：事情的結果、別人對我們的看法和態度、人生成功與否、有的甚至連時間、天氣、自己的命運都想掌控……當這些事情不如我的預期時、當別人不喜歡我的時候、當別人對我態度不好的時候，就容易陷入負面情緒、陷入自我懷疑的迴圈。

你可能不斷會問「為什麼？為什麼這件事會發生在我身上？為什麼是我？為

什麼事情會變成這樣呢？為什麼會失敗？為什麼他要討厭我呢？我做錯什麼事了嗎？為什麼他們要這樣說我呢？……」腦中可能浮現一百個為什麼，然而大概有九十個為什麼是不會有解答的，與其花這麼多時間鑽研沒有答案的問題，還想改變根本改變不了的外在現況，不如問問自己「現在想怎麼樣？現在該怎麼辦？」

## 我的靈魂教練，
## 這樣對待我與幫助我

我在我的意識裡，鍛鍊了一位很嚴格的教練，她是個不聽藉口、不聽廢話、會一直打斷我和問我問題的冷血教練，會在我每一個又開始問為什麼、無限小圈圈的時候，打斷我的無意義行為，和我對話。例如：我可能因為過度堅持某些事，搞砸了某一件合作案……

我會覺得：「好煩好煩，怎麼會這樣？他們會不會討厭我？覺得我很難搞？」教練：「發生就是發生了，結果就是長這樣，抱怨沒有用，也不要再問那麼多白癡問題了，沒有人會回答妳。要嘛就接受現況，扭轉自己的情緒。不接受的話，那你想要怎樣的結果？就去創造。」
「我希望這個合作還是可以促成，不想要他們就此討厭我或封殺我。」我會開始仔細思考，我最想要的結果是什麼。

「那你現在擁有什麼能用的資源？」教練又問。

這時候我就要讓自己靜下心來好好思考，最好是拿紙跟筆、或是打字在備忘錄也可以，開始依序列舉自己擁有的可用資源，例如：還有創意的頭腦可以再想其他辦法、還有對方的聯繫方式可以再次溝通、還有能說話的嘴發揮最大誠意說服對方……

「那妳可以怎麼做？」教練再問。

仔細列舉自己可以接受的讓步方案和想出的辦法有哪些，例如：

方案 A：我再讓步多一點，這邊可以少賺一點，那邊可以多做一點（負責任的評估自己可行範圍，也不能太委屈），看對方接不接受？

方案 B：對方堅持他們的提案，如果接受對方開的條件，那我要付上的代價有什麼？（可能是破壞了行情、破壞了原則、破壞了品質……）

方案 C：如果再達不成共識，合作不成，那我能怎麼負責任的處理和善後？

方案 D：最最最差的情況，合作不成還反遭上述傷害，那我又能怎麼反應這種情況？

> 每一個選擇，都有相對應要付上的代價，每一次選擇前，問自己「這個代價我能不能付？」

能付再選，不要明明不能承擔這個代價，還要這麼選，那結果發生時往往會很大程度不能接受，就很容易再度陷入負面情緒裡頭。

其實我們只要控制好那些能掌控的事情，我們就能掌握自己 80％的人生了。還是有許多事是我們能掌控的。例如：我的想法、我的選擇、我的體驗、我的情緒、我的態度、我的行為、我對應事情的反應……別天馬行空的成天想著控制「他人對我的」情緒反應、喜好與否、別人怎麼看我？怎麼解讀我？還會有更偏執的想去改變結果、改變環境、改變愛的人，甚至有些更誇張的還會花錢到處找師父，整天想著如何改變自己的命運？總花時間想去改變那些我們根本改變不了的外在因素，是很內耗的行為。其實我們的人生，只要學會控制好那些我們能控制的事情，鍛鍊我們所能鍛鍊的內在，把自己變得更強大、更開闊，讓心更自由的，去體驗生命之流帶給我們的任何體驗。

如果我都無法打贏心智這場仗，我要如何戰勝世界的艱難？

我一直相信，我是我世界裡一切的源頭；每一個人都有自己的世界、自己的宇宙。我要我的世界長什麼樣子、投放什麼能量，是我能控制的。「接受、放下，再接受、再放下。」我經常對自己這麼說。很多事情發生就是發生了，改變不了別人也改變不了環境，那就改變自己，讓自己去適應各種變化，接受生命中所有結果的發生，就讓它流過，然後放下。只需要專注於我們自己的鍛鍊、對自己人生的承諾即可；我要活成什麼樣子、我要我的人生長什麼樣子，專注於創造這些就夠了。人生就是一場遊戲，看你怎麼玩，你可以一直渾渾噩噩、充滿恐懼的不斷繞圈圈，也可以選擇不斷鍛鍊這個角色，讓他變得很強，去越過更多更大的關卡，創造自己美麗的世界，讓這場遊戲玩得

精彩絕倫。

「只有努力，是我能控制的事情。不拚盡全力，我怎麼知道自己行不行？」

> 你現在的努力裡，藏著你十年後的樣子；別在該奮鬥的時光裡，選擇安逸。

這些年來，陸陸續續有些工作，我都是付出一百二十分的努力對待，在工作夥伴和友人眼裡，經常形容我太過度認真和努力，有時候經紀人還會說：「這工作也沒有賺多少錢，妳不要這麼認真。」可能是心疼我都沒休息、心疼我搞得滿身傷，重點有的工作都太危險了，根本沒賺什麼錢不需要冒這麼大風險。也常會聽到疑問：「妳為什麼要這麼努力？能不能多休息、放鬆一點？」可是對我來說「只有努力，是我能控制的事情。而且，努力並不困難，困難的是要一直『堅持這麼努力』。」上課前的我就是太渾渾噩噩了，不知道自己到底想要什麼，所以做每件事情我都沒有付出一百分的力，因而經常收穫遺憾的結果，覺得自己什麼事都做不好。

那些年的隻字片語

那些年的隻字片語

回首過往的人生，都覺得我好虛度光陰、浪費我的青春……但現在的我，知道自己做的每一分努力，是在

鍛鍊我的精神、我的意志、我的堅持不懈，哪怕我沒有創造太好的結果、獲得大流量、或被太多人看見，但是我會看見每一個突破的自己、每一個堅持的自己、每一個付出一百二十分努力那美麗的自己，這些學習的積累與拚搏的自己對我來說難能可貴，所以我都格外珍惜也非常感恩。

這些機會，都讓我看見更多未知的自己、打破過去對自己的貶低認知；我終於找到自己在工作中的熱情、也越來越喜歡這份工作，更重要的是，我越來越喜歡自己了。

## 不只要懂生存，更要懂生活。
## 儀式感，是從看重自己開始

以前總是覺得日子過一天是一天，拚命生存、卻忘了怎麼生活。
直到這幾年才開始懂得重視儀式感，是源自於我開始看重自己。

除了對於小時候苦讀的戰績，沒有被留下任何紀念深感遺憾之外，我也好羨慕多數人有成長相簿，很多成長的過程都有被記錄下來，長大後可以回味、更可以和家人一起憶當年。從小就不受重視的我，小時候的成長過程自然沒有留下太多記錄，現在的我，有時也很想知道我小時候到底長什麼樣子？嬰兒的樣子可愛嗎？我當時喜歡玩什麼呢？我當時快樂嗎？我身邊的人長什麼

樣子呢？都無從追尋了……只有零星不到十張散落各處的照片，當中年紀最小的我也已經 7 歲以上，沒有 7 歲以前的照片。

曾經在書本看到一段發人省思的話：「儀式感，是把將就的日子過成講究的生活。」以前的我，總是拚命在求生存，從來不懂得真正享受生活。為了生存，我總是拚了命的工作、賺錢，或許是過去太過於匱乏，我總覺得我要拚盡全力，才對得起自己。

女團時期，工作和學業兩邊顧，還身兼三份工的我更是一刻不得閒。好幾年我的生活都被工作填滿，根本無法讓自己休息，感覺活著的每一天，都在追著錢跑。我無法接受自己沒有產值的一天，常常弄得身邊的人也很緊張，明明是假日卻還是要排工作，或是追殺工作相關訊息。即便有一天真的都沒工作的事要忙，我也會刻意要讓自己有些「產出」，例如：發點文、修一些照片、拍一些影片、想一些企劃等，無法放過自己，也就無法放過他人。讓工作夥伴都被我弄得很緊張，後來才發現，這樣會讓身邊和我一起工作的人壓力很大，我不休假，可是人家要休假呀！甚至常常跟朋友出去玩了，還是大半時間都在處理工作，有時可能因此讓朋友也玩得不盡興。其實不只是我，這個世界上大多數人的生活都是庸庸碌碌、漫無目的，時光大多被虛度了。

開始重視儀式感之後，終於知道什麼叫做認真生活。生活的意義需要主觀地賦予，當我懂得為我的存在賦予價值，我的每一

天才過得更加有意義，甚至我存在的每一天，都值得好好體驗、好好紀念。 99

儀式感，對於愛來說，就是一種重視。讓我們更認真、更用心的去對待愛的人和熱愛的事物。我總是對自己愛的朋友或是另一半，願意花費大量心力、金錢與時間，好好的過上對他們來說重要的日子。對於想送給愛人的禮物，我總是可以毫不手軟，不太考慮多少錢，但卻對於自己想買的東西總是錙銖必較、考慮再三。因為我愛他們，我重視他們，我想讓他們知道，他們對我來說是重要的，我想讓他們開心。但我們不妨想想，如果今天把這個愛人換做是自己呢？我們總是懂得如何愛人，卻忘了最應該要先愛的人就是自己。

以前我總覺得愛自己就是「自愛」，把自己的生活掌握好，不要走偏、懂得自律、自我約束就是愛自己。但開始懂了儀式感這件事情之後，我才體認我並沒有想像中的愛自己，我比較會愛別人。但這不應該呀～他們很重要，但我也很重要啊！這一生陪伴自己到最後的人，只有自己，我應該要把愛人的能力，也拿來愛自己多一點才是。

66 願我們為所愛的義無反顧，也能對待自己有這樣頑固。 99

這幾年，除了更加用心的過節之外，我也開始懂得放鬆，生活上允許自己有一些假期，希望活出更從容自在的自己。我也因而發現，其實休息真的不是

浪費時間，尤其是獨處的自我關機，這其中的價值都是我能發揮跟給予的。適當的獨處、休息和放鬆，我的心靈與精神狀態會更加平和、甚至充電，以前的我獨來獨往是因為不太懂得如何跟人相處，現在我其實是穿梭自如的，我可以選擇和朋友一起出遊放鬆，更能在獨處時感覺到快樂與充實。

## 現在的我，
## 能獨處也有健康的金錢觀

現在的獨處，我經常會在放假時自己一人到咖啡廳閱讀、寫作或放慢步調來處理公事，也會自己到處走走、冥想，在這過程大量的自我對話與覺察，對我來說是靈魂淨化與自我昇華的重要過程。這能讓我工作上緊發條時表現得更好，可能靈感更多、口條更清楚、反應更靈敏、更有衝勁、工作效率加成。即使追劇也能從中得到一些新知和人生體悟，或是看其他人的 YouTube 影片，也能觀察到一些拍攝的技巧、剪輯的手法，成為我接下來做得更好的參考依據，只要我想要，我能在任何環境與每一個當下，都創造出價值。

金錢觀也有改變。從以前買什麼都要貨比三家，想盡辦法買到最便宜、最划算的，現在大多能負荷的情況就直接買了；以前逛個超市還要計算機按不停，一定要買到那個品項最便宜的，現在大多買自己覺得最好用、最好吃的；以前為了省電費，夏天房裡經常三十多度我只開著電風扇，現在幾乎是熱了就

開不會考慮太多；以前一個人出國旅遊時，飛機都會搭紅眼班機或廉航，住宿也找那種小不溜丟「能住就好」的三星旅館或膠囊旅社，現在懂得搭舒服的時間、住舒適漂亮又交通方便的飯店。

以前太害怕浪費食物，常常吃反覆加熱的隔夜菜，或是明明剩沒幾口都要打包，現在懂得衡量健康優先、對自己身體好為主，間隔太多天或是食物本身沒太多營養價值了，我就會適當的捨棄；以前為了省房租，住過頂樓加蓋、複雜的紅燈區、甚至三坪不到的小套房，現在住的房子有房間、有客廳，看我直播很多年的觀眾也曾感慨說過，以前能從直播鏡頭一目瞭然我一整個家，現在家裡拍片背景有了大沙發，這樣大的落差，很替我的努力感到欣慰。

偶爾也懂得犒賞自己了，會給自己吃上稍微貴一點的一餐，或是突然買個喜歡的東西不看價錢。因為現在對我來說，花錢應該要是享受的一件事情，我這麼辛苦工作，本來就該適時對自己好一些。而且自從我和「死亡」有了更深的連結之後，深深體悟到人死後什麼都帶不走的，所以更應該趁活著的時候，對自己好一點。錢，乃身外之物，夠用就好。我現在放鬆到，連自己身上有多少錢都不知道，我只知道大概金額、應該還夠用，看在別人眼裡可能覺得我很誇張，但我覺得終於能放下一直以來對金錢的緊張與不安全感，是很難能可貴的事情。當然這僅僅是對我一個人啦，我只要對自己負責任、自己覺得過得去就行了；以後若是有了婚姻和家庭，當然要對家庭負責任，還是會回到精打細算、謹慎理財的狀態。

長大以後我才發現，國外的家庭特別重視生日、紀念日和節日，尤其孩子的生日、孩子的畢業、結婚週年紀念日，或是萬聖節、感恩節、聖誕節等，更是常常把「我愛你」、「你做得很好」掛在嘴邊，讓孩子們時常感受到自己是被愛的、被重視的。這些小孩兒時經歷一些儀式感、愛的肯定，從小便會意識到自己是很重要的存在。我發現這真的好重要，儀式感的意義是對自己和生活「重要」的看待。

我以前也不太在意過節，但自從我的人生觀改變了之後，現在開始會重視、會想慶祝、想聚會，即使沒和朋友一起，也會讓自己過上精緻的一天。會自己布置家裡、打扮漂亮、吃著最愛的食物、配上喜歡的酒，再拍拍照留作紀念。這都是源自於我變得比以往更看重自己、看重生命了，時光飛逝、歲月如梭，活著的每一天都是值得感恩、值得慶祝的。我常在想，不是要崇洋媚外，但這樣的氛圍真的對於一個孩子的心理養成有很大的不同，這就是為什麼外國文化孕育出的孩子和我們的孩子有很大不同，台灣人大多比較沒自信、保守、單一，外國孩子大多有自信、喜歡冒險、開放……這都和我們的成長環境與教育有太大的關係，一代影響著一代，所以我認為我們要成為怎樣的父母很重要，以後我也會多傳遞這樣的訊息給身邊的人、更會這樣對待我重視的人、還有未來的家庭及孩子。

那些年的隻字片語

走訪社福機構，
教會我的事

帶給我的體悟與啟發

活成一個貢獻的人，
是我對自己的承諾，
也是將來對孩子的期許。

我這輩子捐出去的錢，比我現在的存款還多，大概有八成的捐款、捐物資，
都沒有署名自己的名字，我一直認為為善不欲人知，所以也鮮少在自己社群
發布公益相關的貼文。始終有種使命感告訴自己「我取之於社會，用之於社
會。」做好事不該是為了形象或別有意圖，這是我認為身而為人，都應該要
做的事情。

常常有人會說：「等我有能力了，再去幫助別人。」但我覺得應該是相反的，

我們會從幫助他人的過程中，體驗到自己本來就是個有能力的人了。在這貢獻付出的過程中，發現我好像和多數人的自我認知建立路徑是顛倒的。我是從自己能為別人帶來些什麼、我能給予什麼、我能幫助什麼，才因而看見自己的價值，就是大多數人是成己達人，而我的導師形容我是「成人達己」的類型。不管對於身邊的人、我的觀眾、或社會服務都是如此，我會因為我能給予、幫助到他人，而體認到自己其實是足夠好且富足的。

## 從養老院到身障教養院
## 願我能成為他們無血緣的家人

我常常會疑惑，為什麼很多人，做好事都要有特定的目的才去做？尤其在某次籌備募款的活動中，感受特別深，有些人如果自己不會得到好處，就認為沒有必要做這些事情，沒有必要去幫助一個素昧平生的人。而這樣的人，通常滿寬裕的，已經是個滿富足的人；或是遇到有些人，會分享這些資訊來製造良好形象，但不會有任何實質作為……經常在這些過程中，對很多人性體驗到無力感。雖說事情本來就沒有絕對的對錯好壞，但可能在我的世界觀認為這是簡單且應該的事情，怎麼會有人如此不願意、或斤斤計較能得到什麼好處？

一直以來，我都有固定捐款領養孩子、捐物資到各個需要的地方、看到震災

相關也會捐贈物資及金錢或是報名成為志工；平常時候，只要時間允許，手邊剛好沒太多工作要處理，我也會走訪一些社福單位去做義工。走訪過養老院、身心障礙者的教養院、關愛之家，也有長期固定在育幼院當志工，或許是我成長經歷的關係，我一直希望可以幫助及陪伴一樣孤苦無依的孩子。

某種程度上，我希望我能成為大姊當初之於我生命的角色，雖然她不是媽媽、不是保母，可是她是我成長過程中，重要的角色和依靠。畢竟我不是媽媽的年紀，可能沒有辦法給育幼院的孩子太多母愛，但我希望給這些孩子一些陪伴，希望成為他們生命中一個重要的人，如果有一天，他的人生中真的發生一些突發狀況，他知道是有人可以求助的。雖然我們沒有血緣關係，但他們可以把我當成家人。

走訪養老院的過程中，體驗到生命最終好像回到了原點。回到了剛出生時期，很多基本行為能力，如：洗澡、吃飯、走路，都需要他人的幫助，無法自己獨立完成；也會忘記好多事情、好多人，有的甚至連自己另一半的名字、孩子都不記得了。也有好多老年人都有著自己的世界在運轉，講出來的事情都是在他的世界才發生，會不斷講著重複但未必真實發生的事情，例如：有的會一直說他還沒有洗澡，但明明剛剛才洗過；有的會一直說社工打他，但根本沒有人打他……我都在想這些社工真是太偉大了！

要放棄一般優渥薪水的工作來這裡照護和自己毫無血緣關係的老年人，把屎

把尿、幫忙洗澡、做盡了服務，竟然還要被誣賴、被攻擊，他們心靈真是太強大了，得要抱有多大的承諾和無條件的愛才能做到這樣。而且很多是家裡的人太忙，不太會來探望的、也有孩子經常探望的、也有孩子都已經過世的，剩下他孤苦無依的在這裡⋯⋯每次來總是感觸特別沉重。但也有遇過老太太竟然記得我來過的，讓我很是欣慰。

我走訪的關愛之家，那裡大多的孩子是移工生下的，且大多患有先天性疾病，尤其愛滋病，聽社工阿姨說，很多都是才剛出生、連臍帶都還在嬰兒身上就被放在他們機構門口，不知道他們爸媽是誰，我都會覺得「天啊⋯⋯那我也太幸福了⋯⋯我到底有什麼好抱怨的？」我既沒有先天性讓人懼怕的疾病、也知道自己爸媽名字、有地方可以住、更有舒適環境讓我學習、我還長得白白胖胖的⋯⋯我真的擁有好多了，我沒什麼好抱怨的了。

> 來了這裡我才明白，原來知足也是比較來的，沒有看見他們，我真的不知道自己其實已經好幸福了，也不禁很感嘆，這些孩子該怎麼長大？先天疾病的困擾讓他們天生就不健康、難照護，他們已經很缺乏了，成長環境還得遭受多少不友善？每當離開那裡都覺得好難過，同時也意識到自己真的很富足。

身心障礙者教養院，裡頭大多是中度以上智障、身障及身心障礙者的朋友，他們大多是有家庭的，只是家人都要上班，所以平日託付來給機構照顧。但

也有那種爸媽來把孩子丟著，就再也沒來過，也再也聯繫不上，這些孩子還會殷切期盼自己的家人何時來看自己、或接自己回家，但志工阿姨都不忍告訴真相，只能想辦法善意的欺瞞……每次講到這個我都會不禁潸然淚下，覺得好揪心、好難過，世界上真的還是有很多不負責任、不愛自己孩子的父母親。

這裡的孩子也有很多行動不便，但他們依然熱愛學習、唱歌、跳舞、表演，每次看到他們發自內心的笑容都療癒了我，他們的快樂是那樣的純粹。每次去也都感觸良多，他們先天諸多障礙卻不設限自己，還是努力學習技藝、也學習負責任，會掃地、拖地、自主整理環境、自主管理自己。而我們這些身手矯健、頭好壯壯的年輕人，有這麼好的先天條件和資源，更是應該好好的學習、好好的為社會創造價值。

## 育幼院
### 讓我感觸最多，也學習最多的地方

我定期走訪的就是育幼院，最頻繁的時期，有一年多的時間幾乎每週都會去，後來是因為疫情管制才被迫中斷。這裡的孩子，大多有原生家庭，但可能原生家庭有特殊狀況，例如無力扶養、或是父母吸毒、或是家暴情況等原因，會被送來這個機構照顧，照顧到 18 歲他們就得離開機構，自己去到社

會上自立自強，或是中途可能遇到願意領養的寄養家庭。

可能因為長期服務的關係，這裡是讓我學習最多、看到最多、也感觸最多的地方，也許是因為自己成長環境不太完整，我其實很害怕自己不會成為一個足夠好的母親，而我又認為一個人的人格養成跟家庭教育有著太大的關係，所以一直以來都很關注這方面的議題、以及不斷在學習如何成為一個能帶給孩子正向影響的上一代。在這裡長期服務讓我學習了很多，我去應徵的是教孩子的英文和跳舞的志工，固定服務的是一位 14 歲的國中二年級妹妹。

我認為不需要每一科成績都很好，但英文真的很重要，可以不必練就一口流利英語，但基本單字和文法還是要懂。於是一開始我很嚴格地盯妹妹英文功課，我和她約定好，英文有背好、考試有通過標準，我們就可以開始來學跳舞、或是出去玩。

但妹妹實在對英文很沒興趣，整個教學過程她經常心浮氣躁，只想和我聊演藝圈的事和學跳舞，所以我每次硬是把她拉回讀英文的正軌，她都很不開心、有時還會鬧脾氣、擺臭臉，這都讓我很挫折，到底怎樣才是一個好的志工老師？應該在意成績表現？還是在意孩子的身心狀況？要怎樣才能讓她意識到學習是真的很重要的事情，尤其是我們這種天生就在比別人落後一些的環境下長大的孩子，不好好學習以後很容易被社會淘汰的，那要如何才能讓孩子愛上學習？也重視我覺得重要的東西？或是其實這只是我自己覺得重

要、是為她好，她卻不這麼認為呢？總是在這中間拉扯，真的好困難。

雖然一開始來服務，就先被社工打預防針，要我們不要過多的贈與，會讓孩子學壞、變相的視為理所當然而經常索取。但我本身就是一個對身邊人都很愛贈與的人，加上我認為我們這樣的孩子，本來擁有的就比別人少很多了，所以多贈與東西，應該不是太嚴重的問題，甚至某程度覺得應該多贈與。

有一次在言談之間聽見妹妹會羨慕其他同學有很多化妝品，於是某次我整理了一整箱的美妝用品到育幼院，我私心想對我服務的孩子稍微好一點，就讓我服務的妹妹先挑，再讓其他人挑剩下的，結果卻意外造成他們不開心，有些孩子認為憑什麼，而對我服務的妹妹有些惡意解讀與攻擊。我知道他們擁有的已經比別人少了，心理某程度上是受傷的、覺得自己不足的，可是該如何在愛他的同時，又讓他們不會過度索取、不會導致他們同儕紛爭，這對我來說真的好困難，感覺怎麼做都會有利弊。

有一次妹妹還沒開始學習就一副不開心的樣子，但問她為何不開心？又說不出來自己到底怎麼了？她也甩態不想學習、對我態度百般不耐煩，社工阿姨都忍不住教訓了她：「老師沒有賺錢，犧牲她的時間來教妳功課，妳怎麼可以對老師態度這樣不耐煩，老師沒有欠妳……」而我則是一邊受挫、一邊也安撫自己情緒，告訴社工阿姨沒關係我沒事，希望社工給我一個和孩子的私人空間讓我們對談，因我知道越早和自己的情緒連結，去意識情緒的根源是

重要的。

於是，我開始運用自己這幾年在「指引力」上的學習，一步一步帶她探討其根源，過程中她大多的回答都是：「我不知道」、「我就有病吧」（妹妹住進精神病院多次），幾番波折後才探討出原來她在這裡很不開心，因為她說的話不被社工阿姨相信，這讓她在這裡越來越不開心。

我深切知道這些缺乏愛的孩子，生病不舒服和他人說都沒有人信、或不受重視，這種生活有多痛苦，因為我也是這樣長大的……她也給我看這段時間的自殘痕跡，這些「顯而易見」的傷口讓我知道，她不是真的想傷害自己，不然反而會弄在別人看不到的部位；越是明顯，就越是渴望關心的呼救訊號，因為我國中也這樣過。那天教學的兩個小時內，我都在指引她找到自己的情緒的起因，但卻不知道該如何幫助她，度過這個不被世界理解的必經過程。

因為在這年紀的我也經歷過這些，但問題當時也沒有被解決，我也是帶著這些痛楚長大，即便我長得這麼大了，當時的痛都還是在，我無法告訴她這沒有什麼，我好像只能告訴她：「妳只能學著自己堅強，度過這些不舒服和被誤解，然後努力讓自己變強大，變得可以靠自己好起來……」但又覺得在她這年紀告訴她這些，會不會太悲觀、太殘酷了？這是不是只能讓她自己去經歷、自己去學會……

## 即便知道孩子們有多痛
## 給予陪伴就是最好的禮物

在這裡還有一個也和我不錯的孩子，她國小六年級，雖然她因為注意力不足過動症，讓社工阿姨很頭痛，但我會特別包容和關心她。某次沒看到她，聽妹妹説她又逃院跑回家了，於是我就好奇她這麼想回家，為什麼不讓她在家就好呢？後來才知道因為家裡有嚴重家暴問題，她才會被送到機構，但她一直都還是很想回家，逃院第三次了，一直很想回到總是暴打她的媽媽身邊。這讓我彷彿看見當年的自己，不管受到多少恐怖的挨揍，即使知道會受傷，仍然會一次又一次地想要靠近……原來不止我會這樣，不管多恐懼、經歷多少次失望，孩子對母愛的渴求、想親近母親的依附需求，好像真的是天性，無法輕易抹滅的。

所以聽到她又逃院回去找媽媽，我就好難過，好想告訴她：「別回去了，媽媽不會愛妳的，她愛妳的話，妳就不會一直回來這裡了……」但這又不適合説，她還這麼小，這好像也是只能讓她自己去經歷的人生課題。每次看到這些孩子是多麼渴望愛，但又這麼小就不斷在經歷失望、被拋棄，我都覺得好心痛又無力，我完全知道這有多痛，但又好像什麼忙也幫不上……

除了經常看見這些會勾起我不好回憶的景象，也一直在「怎麼做才是一個『好』的志工老師？」之間拉扯，所以每次來社福後，我總是帶著受挫又五

味雜陳的心情離開，回去也久久不能平復，對於這些無力感感到自責，但又知道應該專注於可以給孩子什麼，而不是過度專注於自己的負面情緒和壓力上。

> 經過了幾番自我檢討與調整後，現在的我，不敢說自己是一個好的志工老師，但我懂得時常提醒自己，不要把自己的價值觀強加在孩子身上，要孩子照我的標準學習才是好的，有些事就是得讓他們自己去經歷、去選擇、讓他們學著負責任並承擔自己的選擇。我能做好的就是陪伴他們、支持他們做他們快樂的事情，成為他們人生的資源之一。

所以後來我沒那麼放大孩子的成績了，更多時候問他們想做什麼，我就帶他們去做，例如：聊聊天、出去走走、逛逛街、去外面吃想吃的東西、去看想看的電影……

那些年的隻字片語

另外，因為我從小到大不太會有大人買東西給我，但孩子總是有很多需求想要被填補。小時候我最期待的事情之一，就是鄰居又送來一箱她孩子不要的衣服，我可以從中挑選我喜歡及能穿的，納入衣櫃裡變成我的「新衣服」。雖然是穿過的，但那對我的世界來說是我本來沒有的，那就是新的。所以長大後我也經常

會整理很多物資捐到育幼院、基金會、非洲、流浪動物之家等福利機構。

我自己捐過的物資至少超過 300 公斤，各式各樣的鍋碗瓢盆、衣服、包包、鞋子……甚至是化妝品、保養品，舉凡是人會需要用到的東西，都有需要的角落，有可以捐贈的地方。一方面是重視環保，想讓每個物件都能發揮持續性的價值，不要製造過多垃圾造成環境負擔；一方面是我知道，一定會有需要這些東西的角落，小時候那份收到贈與的喜悅我不會忘記，所以當我有能力之後，我也會做這件事、並且持續一直做。

長年社福走訪各個角落的過程，真的讓我學習很多、感觸很多。某種程度上，我認為自己不會非常快步入婚姻或家庭，也是因為我覺得自己好像還沒有準備好，準備好組織家庭、扮演一個好的母親，我對自己很嚴苛，如果我當了媽媽，一定會希望給孩子最完善、最好的陪伴與支持。但我能做好嗎？我能給予足夠的愛嗎？我能接受孩子的各種樣貌嗎？我能是一個好的母親嗎？怎麼樣才是真正的「好」呢？真的沒有標準答案……可能對我這輩子來說，都會是非常困難的課題。

那些年的隻字片語

那些年的隻字片語

走出低潮，扭轉負面情緒

釐清與情緒之間的關係

要知道「是我擁有情緒」，

而不是讓「情緒擁有我」。

我一直告訴自己，

如果我還有抗拒，

那就是我的修鍊還不夠。

我最常會被問到的問題，大多都圍繞在這上面，好像克服負面情緒，成為現代每個人的人生一大課題。

而對長期在低靡中成長、出社會後飽受長年憂鬱症之苦的我來說，如何走過低潮、處理自己的負面情緒，也淬鍊出一些精華，可以和大家分享。與其說是方法，對我來說更是一種「鍛鍊」新的意識習慣。

當我開始心靈探討之後，我發現寫日記真的是一個很棒的鍛鍊。雖然我從小就有寫日記習慣，以前寫日記是想記錄生活，不想忘記任何一個值得紀念的日子、每一個美好的當下和體驗，而在回味日記時也會陷入回憶裡頭，重新體驗一次那僅有一次的當下，長大後為了努力生存，被工作塞滿了生活，丟失這習慣好多年，我也發現是丟失的這些年讓我走向情緒谷底的，因為我已經忘了如何記錄生活的美好，忘了記錄久了、被混亂的思緒佔據整個大腦，也逐漸遺失了體驗生活中美好的能力。

更重要的是，我覺得那狀態像是「無意識生活」，我都簡稱「沒有活著」的感覺，每天渾渾噩噩、汲汲營營，卻不知道自己究竟在追求著什麼？為了什麼而努力？人生到底想要什麼？容易被情緒帶著走，而忘了純粹的去體驗生命的本質。

## 保持覺察，
## 與意識連結

上課之後，我重新拾回寫日記的習慣，雖然經常收工很晚，寫完日記天都亮了，但我發現這對了解自己、梳理自己思緒、與自我意識連結、解決問題、處理負面情緒、正向思考、意念重建等都太有幫助了。如果前面所說的，我能擁有扭轉自己的信念及轉換看事情的角度這些技能，都是從書寫開始。也

有研究顯示寫日記可以減輕壓力、焦慮和憂鬱，可以透過文字書寫的方式梳理自己內心的真實想法和心情，來面對自我情緒和壓力來源，挖掘自己平時很難發現的想法，從這之中了解是被什麼原因影響和找尋憂鬱的源頭。也更容易找到問題的癥結點，從而更快速有效的解決問題。

寫作也可以幫助自己更專注在自己身上，而用「手寫」的方式記錄，比「打字」更能刺激腦神經活動。

人的每一天可以有上百種情緒、體驗浮現，只是或大或小、有沒有察覺到而已。自從我的醒覺之門打開之後，我會在每一個當下，有意識的保持覺察自我，探討自己每一個感受和情緒的浮現，更深一層的原因是什麼？不單單只是表象的原因，找到情緒的「根源」很重要。而這探討的過程，我一開始都是靠著書寫，一步一步跟著書寫的節奏，帶自己和意識連結，連結後產出，產出的過程也會釐清自己情緒的脈絡、根源。

當陷入負面情緒的迴圈時，書寫的方式可以和自己的情緒保持距離感，我會用客觀甚至第三人稱的方式去描述事情的經過，以旁觀者角度闡述自身的糾結，可以讓我更釐清事情的真實面貌和內心的感受。例如，因為今天被上司罵了一頓，讓你心情很差。這個是表層的事件和起因，再往更深、更細節一點去看，在這過程中你是從哪一刻開始感受到不開心？可能是上司說了某些刺到你的話，例如：怎麼這麼簡單的事都做不好、怎麼這麼笨、或是一些攻

擊性字眼。再看得更深，為什麼那句話、那個語氣、那個詞彙，會讓你反應這麼大？你把那些話或詞語，賦予了什麼定義和情緒？可能「做不好＝失敗」，挫敗讓你感受到沮喪、或是對自己的無能感到憤怒⋯⋯

## 學習中立，
## 並以此看待任何事

一步一步往更深一點去探討，會發現大多負面情緒，都是來自自己的意識。如果我們懂得如何中立的看待所有的事件，其實上司只是激動的表達了對這事件的反應，你可以選擇如何接收。事實上，你只是一件事做得不好，並不是所有事都做得不好，更並不能因此代表你是個笨拙或無能的人。他這麼說都不代表你真的是如此，更重要的是你選擇了用什麼角度看待這件事、還有你怎麼看待了自己。

> 事件本身是中立的、詞彙本身也是中立的，給這些事件和詞語賦予意義與情緒的，是來自人類的意識。

如果你能開始學著用不同角度解讀事情、學著看待事件僅僅只是事件，它沒有好與壞，詞彙也只是詞彙，沒有好與壞、更不代表那就是我，做不好不代表我不好⋯⋯開始在生活中保持有意識的覺察，不要刻意去逃避和掩蓋負面

情緒的產生，就讓它發生、讓它們出現、讓它們健康的通過身體，並開始學著改變舊有的意識習慣，日積月累的鍛鍊，生活中會開始減少很多無以名狀的負面情緒，處理低氣壓的情緒也會變快。

## 放下，預設立場和期待
## 情緒有時候並不是事實

> 很多情緒都是來自我們的想像，而不是事實。先放下預設，
> 才能做出不同的選擇。

書寫的過程中，我發現很多事情都來自我的預判與假設，當事件與人沒有照著我的預想走，我就會產生懷疑、混亂。例如在寫的過程，我會寫出：我原本以為，我怎樣怎樣時，他會如何回應我，但是他沒有，那是代表他不喜歡我嗎？那他為什麼不喜歡我？我有得罪他嗎？我有做錯什麼事嗎？還是他對我有什麼誤解嗎？……我的高敏感為自己放大了太多感受，從而衍生出過多的負面體驗，如：擔心、恐懼、受挫。而這些衍生，從根本來看，是我先預設了人家「應該」會如何，但其實每個人都是不同個體，每個人的生活習慣與習性都不盡相同，我們怎能總以自己視角的出發，去判斷當他人做出不符合期待的反應時，就代表他怎麼樣？很大機率人家其實根本就沒有怎麼樣。

所以我在書寫的過程也發現，人類大多的負面情緒，都來自於自己的意識，是我自己先預設了立場、再自己下了註解。

我們總是對身旁的人和事都預設了許多立場、投放了過多的期待，覺得對方就「應該」要怎麼做，覺得這事情就「應該」要怎麼發生，而當事情沒有符合原本相對應的期待時，我們就很容易失望、沮喪，陷入負面情緒。這就如同我前面章節所說，我們花太多的專注力在我們根本不能控制的事情上面，尤其是對待愛的人，認為他這麼了解我，他應該要知道該怎麼做呀，他愛我的話，應該會怎麼做？為什麼他沒有這麼做？他是不是不愛我？當我們有越多的預設立場和期待，我們就越容易失望。也有很多的誤解、情緒，其實來自於我們很少跟對方確認「他聽到了什麼」、「理解到的是什麼」，當第一步已經先不理解，自然對方更容易做出與期待不相符的反應，然後我們會很生氣，覺得對方應該已經懂了、或是他應該要很了解我，怎麼還會這樣？但其實多次進一步確認後，釋放訊息的人跟他人真正接收到的，往往形成很大的落差。所以我現在會經常提醒自己清楚表達完感受後，要多問一句：「你聽到了什麼？你的理解是什麼？」來確保我說的話他有清楚地收到。

我經常處理朋友的感情問題，有次女生朋友告訴我她男友行蹤詭異，例如：會看別人直播看得很晚，懷疑他對上面的女生是不是有意思，因為以前他不曾這樣，所以懷疑對方有出軌嫌疑，陷入了低潮的情緒天天在哭，忍不住打給我訴苦，問我該怎麼做？我就問：「那妳有去問他嗎？問他為什麼要看直

播看這麼晚？」她說：「我覺得他在乎我，應該要自己來跟我說呀，他應該要知道我在不開心吧？」我又問：「他為什麼應該要知道呢？」她說：「這很正常吧！哪個女生可以接受？」我又問：「說不定他有別的商業考量？或是只是在研究直播生態呢？因為他自己也是做直播的呀～要做些市調也是正常的吧！」她又說：「我覺得不是，我就覺得沒那麼單純。」她就在這個「我覺得他應該是怎樣」、「他應該要怎樣，但他沒有」的胡同裡，受害了好久。

我忍不住問：「這些都是事實，還是妳覺得？」我重複這句話好多次：「妳告訴我，他看直播是因為想看妹，是事實還是妳覺得？他這樣子是出軌跡象，是事實了還是妳自己下的預判？」最後她才心虛哽咽的回覆我：「嗯！都是我覺得而已。」我就說：「妳覺得自己很聰明，妳預設的所有事情都會是對的嗎？如果不一定全對的話，那妳現在不覺得自己很蠢嗎？為了一件可能根本不存在的事情，難過成這樣，不是給自己找罪受嗎？妳如果真的有疑問，就去問！妳真的會介意、會不舒服，就真誠地表達，如果對方都知道了還擺明這樣，才有資格難過不是嗎？妳期待著對方什麼都知道、應該要怎樣，但其實對方根本什麼都不知道，可能還覺得妳莫名其妙不知道在鬧什麼脾氣。」

所以她的情緒完全是來自於這個事件她自己有了預設與解讀，於是我只是支持放下自以為是的預設立場跟判斷之後，負責任的去問、去溝通、去表達感受，最後發現男友只是在做市場研究，為了之後有想跨足不同領域做直播的

打算，而男方也預設了女方理解自己的工作規劃，應該要知道他這行為的目的，所以也就沒有主動過多解釋。

從這例子可以客觀的看到，其實很多問題的產生，都來自人類先入為主的預設立場與期待，其實放下這些，練習中立的看待事件與發問，很多問題根本不會產生，還因此有負面情緒，更是很愚蠢又內耗的行為。

當然人要完全沒有預設立場和自己的判斷是不大可能的，但我們可以讓自己的思維保有多一點可能性，凡事不要太絕對、不要用自己或他人經歷過的大數據來單一判斷每件事，讓思維保有可能性空間多一些、彈性多一些、思考面廣一些、大局觀多一些，會發現很多事其實都只是庸人自擾罷了。

## 轉換看事情角度，
## 有失去就會有獲得

世界上每件事物，有正就有反、有黑暗面就有光明面、有失就會有得，當陷入低潮與負面情緒時，是因為我們把注意力都放在那些失去和失敗上面，但其實我們只要轉換專注力，專注在那些獲得和擁有上，其實還是有很多值得感恩與珍惜的成分，世界還沒有我們想得那麼糟糕。

舉例來說現在人很常因為失戀陷入低潮，當你專注於失去了一段好不容易建立的關係、失去一個愛我的人、習慣和生活都變得不一樣了而空虛……但其實我們也會因為結束了一段關係，人生的主導權回到了自己身上、不會再因為另一個人影響情緒、影響假期的安排、甚至影響人生規劃，我會因此擁有更多探索人生、認識更多人、探索新的可能性的機會，而當你願意去看，其實你的生活並沒有太多真正「實質上」的缺失，該存在的東西都存在著，地球依然運轉、太陽依然會升起，你依然能夠好好的活著，身邊也仍然有很多愛你的人，你一定也從中學習到了很多，這些學習，都是一種獲得。更重要的是，你仍然擁有能為自己持續創造幸福的能力。

現在大多看似糟糕的事情發生了，我就會驅使自己，馬上想出十個這件事情帶給我的好處，然後專注的看那些獲得、感恩這些擁有，並想著如何運用這些擁有，行使我人生的下一步，才是更加重要的事。

「停，看，選擇，做吧！」人生每次的關卡及選擇，我都會使用這個操作守則，讓自己懂得更客觀角度看待事務、宏觀的去處理問題，而不會單單陷入自己的情緒裡，做出不理智的判斷。自從開始了這些練習，我已經極少做出後悔的不明智選擇，也大幅減少了情緒受影響的發生。

## 「感恩」真的很重要，
## 每天幸福感倍增

在日記寫下感恩的事情是一個讓自己生活提升幸福感很好的方法！我幾乎每一天的日記裡，都會好好寫下對身邊一切人事物的感謝，感謝今天能安然的起床、感謝有吃到愛吃的早餐、感謝今天喝到好喝的飲料、感謝今天身體健康、感謝別人的好意、感謝計程車司機人好熱心、感謝洗頭阿姨人很好還會關心我、感謝今天又度過平安的一天，甚至小至每一個物件都值得感恩，我感謝我擁有稱得上溫暖安全的住所、感謝擁有舒服的床和沙發，可以讓我想躺就躺；感謝擁有充足的陽光空氣水，維持我的生活機能；感謝擁有充足的食物，我不用擔心下一餐；感謝擁有無遠弗屆的網路，可獲取幾乎垂手可得的知識；感謝手邊有高效率科技產品，讓我創作方便、生活便利、能隨時和人聯繫……當你開始認真寫，每一個擁有都值得好好感謝它，你會發現多到寫都寫不完……

那些年的隻字片語

我們都適應得太快，而忘了這些垂手可得的物件，原本是有多麼得來不易，這中間可是花了千千萬萬人的辛苦與努力不懈，我們才有今天便利的生活。讓自己用心觀察生命中的美好事物，用正面、知足且感恩的心態去生活。

就用最簡單的手機來舉例，我們能隨時和任何人聯繫、拍照、錄影、導航、電子支付、電子書、玩不完的手遊、還能遠端控制許多電器……甚至可以打開 google、YouTube 學習全世界任何一個領域的知識、還有人單靠手機就能創作甚至創業，幾乎所有的事情，都能單靠手機完成，這些事情是三十年前的人完全無法想像的。我們身處相對和平的年代，不用為了戰爭四處逃難，我們有乾淨的水源、充足的食物、安全的住所、舒服的冷暖氣、有燈光、有網路……很多時候我們認為理所當然的事情，可能是很多人渴望已久、遙不可及的夢想。

其實讀到這段文字的你，不妨停下來想想自己其實比世界上很多人都要幸福得很多很多了。我曾經在書上看到，根據世界衛生組織 2019 年數據報告顯示：全球有 7.85 億人口缺少乾淨的水源、超過 8.2 億人口長期處於飢餓和營養不良。以上兩者數據幾乎是全球10% 人口、有三十億人口（幾乎快要半數）沒有使用過網路服務、有四千萬人口處在奴隸制度，被強迫進行非法工作，例如：販毒、性交易、人口販賣等。這些人連選擇的機會都沒有。而我們擁有這些充足的資源，非但沒好好珍惜、還成天抱怨工作壓力與人際關係帶來的煩惱，其實仔細去想想，我們都是有選擇的人，已經比世界上很多人都要幸福很多了，真的沒什麼好抱怨的。所以我都說：「生死以外的事情，都是小事；只要我們還活著，所有事情都是小事。」

## 弄清楚和情緒之間的「主僕關係」，
## 從抗拒中鍛鍊

一直都是「我們擁有情緒，不是情緒擁有我們」，弄清楚了和情緒主僕關係，我們便能掌控情緒，而不是讓情緒操控了我們的行為。大部分容易情緒失控、暴走的人，都是把情緒變成了主人，而在情緒爆發時做出許多錯事或錯誤決定，傷害到身邊許多愛他的人，所以以上那些鍛鍊都真的很重要，為的就是拿回自己意識的主導權。

對我來說，有意識的活著，是對自己負責任的方式。

時刻提醒自己掌握好能控制的事：我的情緒、想法、選擇、體驗、態度、行為、對應事件的反應等，只要能掌握好這些，做自己一切的主人，便能游刃有餘處理絕大多數的問題與難關。

人的情緒，一天之內能被觸發不下數百次，尤其是負面情緒，總是影響著我們大部分的思緒，要怎麼不那麼容易被觸發呢？對我來說最重要就是從抗拒中「鍛鍊」，人沉溺於舒適圈，是不會改變任何事的。我常說：「如果我還有抗拒，那就是我修鍊還不夠。」我們改變不了環境，更不可能永遠逃避，那既然改變不了外在，那就改變自己、強化自己。

我們的生活中會充斥著太多我們抗拒的人事物，只是我們會下意識的逃避自己的抗拒，但有些時候避免不了時，這抗拒便很容易影響著你的情緒。例如你不喜歡自以為是的人，但這種人我們偏偏在職場上很容易遇到，你無法總是避而遠之不讓這種人靠近，有些時候就是必須和這樣的人合作，但如果你一直陷在自己的不喜歡，你和他工作起來就會很痛苦，做什麼事都覺得不順暢。

所以你不妨開始轉換看見他不同的面貌，他一定還有許多值得欣賞的優點，甚至他的自以為是也是有讓他做好的地方，也許他的自以為是讓他溝通能力好、容易說服客戶、更願意承擔責任、做事相對勇敢有自信……之類的。多次的練習，多接觸原本抗拒的人事物，從中與自己的意識與感受連結，探討自己為何抗拒這樣的人，反而是更重要的事，因為任何體驗被勾起，都和你的內在潛意識有關，找到根源，才能解決問題。並練習多讓自己保有不同的視野去看待人事物，會舒服很多。

很多人都會說「遠離那些會消耗你的人。」、「遠離會讓你痛苦的環境。」，但其實對我來說，逃避是容易的，但我不想總是逃避。我更想鍛鍊的是「我沒那麼容易被消耗、被影響」，我想鍛鍊到任何抗拒的人、任何不舒服的環境、不悅耳的話語，我都能與之共處、處之泰然而不受影響。

以下這段詩詞在我鍛鍊的路上給了我很大的支持，與你們分享。

當我內心足夠強大
你指責我 我感受到你的受傷
你討好我 我看到你需要認可
你超理智 我體會你的脆弱和害怕
你打岔 我懂得你如此渴望被看到。

當我內心足夠強大 我不再防衛
所有力量 在我們之間自由流動
委屈、沮喪、內疚、悲傷、憤怒、痛苦
當他們自由流淌 我在悲傷裡感到溫暖
在憤怒裡發現力量 在痛苦裡看到希望

當我內心足夠強大 我不再攻擊
我知道 當我不再傷害自己
便沒有人可以傷害我
我放下武器 敞開心
當我的心 柔軟起來
便在愛和慈悲裡與你明亮而溫暖地相遇

原來 讓內心強大

我只需要看到自己

接納我還不能做的

欣賞我已經做到的

並且相信，走過這個歷程

終究可以活出自己，綻放自己。

——維吉尼亞· 薩提爾（1916-1988）

# 終其一生的鍛鍊，活成我所鍛鍊的一生的課題，

知道和做到，

是世界上最遙遠的距離。

大道理人人都會說，

但要真的這麼活，

才是最困難的事。

以前我總想著要如何證明自己？如何讓別人不要總是對我有誤解？如何做到面面俱到？如何讓討厭我的人對我改觀？甚至如何才能不在乎別人的眼光？我一直在找與這世界舒服的相處之道，現在我覺得這些都不那麼重要了，因為我根本沒那麼偉大，改變不了這麼多事，我唯一能做的，就是鍛鍊自己，學著與這些聲音共處，而不受影響。

人間的鍛鍊，才是最困難的。限制我們的，從來不是關於我是誰，而是，我

限制了自己是誰。直到我什麼都不是，我便能什麼都是。

## 如何看待負評

> 「回應只是一個資訊，它本就身是中立的。」我現在都會時時刻刻這麼提醒著自己，不只是網友的評價，生活中收到來自親戚、朋友、愛人的評價都是，它就只是一個回應、一個資訊，如何看待那些話語，是我選擇的。

以前我是個和負面評論關係非常不健康的人，甚至經常時候幾百則留言只有極少數是負面評價，我會只吸收那些負評、完全忽視了正面的評價，然後不斷拿那些話語來自我譴責，為了怕再被罵而畫地自限，越活越怯懦、保守，漸漸的什麼事也不敢做，深怕自己犯錯又會被罵，舒適圈越來越狹隘，處處都有令我畏懼的人事物。

我人生也發生過幾次，因為看不下去媒體和網友對「我認為很好的人」產生惡意攻擊，而現身幫忙捍衛、說好話，甚至開小號上去跟網友爭論、把那些惡意留言全部檢舉，隔天還氣沖沖跟朋友分享昨日之舉，覺得現在為什麼這麼多人都惡意解讀，太過分了害我忍不住，結果朋友笑我說：「怎麼感覺妳比當事人還生氣？啊妳自己被罵妳也會這樣嗎？」

我想了很久，發現我不會……因為我好像覺得他們罵我的都是對的，我真的很爛……「那妳怎麼不會用看待別人的眼光來看自己，妳也知道自己不是故意的、或是妳根本不是那樣的人。」朋友說。後來仔細探討心靈後才理解到，這些體驗都是從我體內、從我的意識裡被勾出來的，那些會令我反感的詞彙，都是來自我先下了不好的註解，而更重要的是，我打從心底認為自己真的是糟糕的，才會照單全收那些負評。後來懂得用不同眼光看待自己、負責任檢視自己的行為、更鍛鍊凡事「中立」看待，做出真正有價值的選擇。

我後來和評論的關係逐漸健康，其實他只是描述出對於這件事的個人想法與解讀，而每個人對於每一個事件、每一句對話，本來就會有著自己的演繹、套上自己的濾鏡來看世界，再任意的給出自己的意見或觀點，我其實只需要擷取對方有建設的建議，或是參考他的觀察，跳脫出來檢視自己為何會給人這種體驗，但不必照單全收，甚至用他的言語來貶低自己，更不用為了他人的某些話、某些解讀來定義自己。這些回應都只是在告訴我一些資訊，它是中立的、並沒有好與壞的絕對值。

隨著這幾年的鍛鍊下來，以前我很容易有反應的那些負面標籤或評論，現在大多都有了不同的解讀和關係，這讓我舒坦了許多，而且我懂得放大其中好的面向，讓好的面向發揮更大的價值。每個人都擁有自己的世界觀，看待事情的角度和解讀都不同，某些事情、話語帶給某些人負面觀感，不一定代表你真的做錯了，而是他被勾出的體驗罷了。

> 66 我們只能試著去理解為什麼他人會這樣解讀，再適度的調整「必要調整」的部分即可。 99

為什麼說是必要呢？因為有些確實不必要。例如：我過去太愛發牢騷、發些抱怨文，讓人覺得我愛討拍、裝可憐，雖然我知道我本意非如此，我只是想抒發情緒、甚至某程度上的渴望被理解，但我用錯了方式不但不會得到真正的關心、還會讓人產生負面解讀，更重要的是也影響到別人的情緒，讓人看了心情也不是很好。所以我之後便很少抒發負面情緒，希望自己給出的訊息是給人正面影響的，這就是我認為必要的調整。

反之不必要的像是，有位網友曾說我玩狼人殺時講話會手摸臉、摸耳朵的行為，是在勾引其他男藝人，說我是個婊子、下面癢……我真是滿頭問號，我深切的知道這是自己思考時的慣性，我連自己在家書寫也是摸著耳朵、摸著臉的，只要思考時我就是會有這些下意識動作，根本沒有蓄意要做什麼引起注意，我不太清楚她為什麼會有這種解讀，但她的解讀僅僅是她，我清楚我沒有那個意思，更不會影響到別人，所以沒有必要刻意調整自己。

## 如何撕掉負面標籤？

與其說要撕掉，我倒覺得學會如何和這些標籤共處才是更重要的事。

因為我們改變不了別人給我們下的註解和定義，那我們只能改變自身去與之和平共處。關於我和以前會讓我產生抗拒的負面標籤，也都有了新的關係。例如小時候我經常被說「很醜」、「怪胎」，我覺得那就代表了我很糟糕，所以才會不被接受。現在懂得中立看待詞語後，說實話誰定義了美醜呢？他覺得醜不一定代表我真的很醜啊，只是我不在他的審美觀裡符合好看的標準而已，他的標準是他的，我覺得自己怎麼樣才是最重要的。

還有怪胎這一標籤的羈絆，讓我從小便開始竭盡所能想要和大家一樣，包括刻意塑造一個家庭富裕且美滿的假象、隱藏自己的真實身分、盲目的跟風買一些奢侈品、甚至還有刻意收集過一些自己根本不理解的角色公仔，例如：大眼仔、三眼怪之類的，其實我根本沒看過這些卡通，只是因為身邊的人都有自己喜歡的特定角色，所以覺得自己應該也要有，才能融入大家、才能獲得認同……但現在懂得擁抱自己每一個面向之後，就可以更舒服真誠的表露自己了，其實怪又如何呢？怪也沒有什麼不好呀！而且換句話說，怪也代表了我很特別呀～不是嗎？不一樣又怎樣呢？

例如，女團時期我對於「愛搞笑」、「綜藝咖」的標籤很敏感，我覺得那好像代表我什麼都不會，但後來學著用第三人稱看待我自己時，的確很多時候我的舉動都是好笑的、譁眾取寵的，因為我不喜歡太嚴肅的氛圍，大多時候我喜歡用幽默方式來化解尷尬，常常也會有長輩說我鬼靈精怪的，那別人對我有那樣的解讀也是合理的。是我自己先把這個標籤等於了自己「什麼都不

會，只會搞笑。」所以我才會勾出負面的體驗。

例如：以前有人說我「做作」、「很假」的時候，我也會覺得「我哪有！」後來跳脫出來看，某種程度上也沒錯，我的確很多時候都在刻意呈現一個樣子，像是心情不好卻刻意假裝開開心心的，尤其節目上經常需要一些刻意而為之的情緒反應彰顯時，某程度真的就是一種做作、一種假呀～當我能這樣理解，我現在甚至會拿這個詞彙自我調侃，現在也經常開玩笑說：「天啊！我好做作喔！」有時還會忍不住被自己做作到乾嘔。

我知道我這樣假裝，出發點是因為不想把負能量帶給別人；我知道有些時候這樣做作是必須，這樣比較有節目效果。當我清楚自己做每件事情的出發點和目的，我只需要對得起自己，其實他人要怎麼解讀，我們真的控制不了，那不如學著和這些事物和平共處，鍛鍊自身、強化自己的中心思想，清楚自己沒有惡意、自己是個什麼樣的人就夠了。

> 人的解讀真的很奇妙，每一個人對於每件事物、每句話語、每個詞彙都有著不同定義和解讀。

例如：我的姊姊非常抗拒聽到有人為她「加油」，她有次在群組裡分享自己今天慢跑的成績，有人只是回覆了：「好棒喔～加油喔！」她便氣得跳腳，我不解地發問，她回覆我：「加油是怎樣？好像我還不夠努力嗎？我做得不

夠好嗎？加什麼油，我已經很努力了耶！」我當下驚訝得笑了出來，我第一次聽見有人會對這詞語反感，我說我通常跟人說加油就只是希望給對方打氣，希望可以支持到他、給他力量，僅此而已，我說：「哇我要是知道我一句好意的加油，給對方卻是壓力，我會自責自己說錯話耶，我明明沒有惡意呀⋯⋯」但儘管我這樣說，我姊只回應我：「反正我就是不喜歡聽到加油，我覺得很煩！」

希望讀到這裡的你，也可以試著去想一下，你身邊的人對你說了什麼、貼上了什麼標籤，對你來說影響是什麼？有沒有人只要一講到什麼，你就會立刻像被針刺到一般特別有反應，情緒起伏特別大，像是下意識的反射動作。去想想自己為什麼抗拒？探討自己給了這些「詞彙」下了什麼定義？等於了什麼？那才是影響自己的關鍵。「體驗」，都是本來就存在於體內，它只是被勾出來了。

## 如何跟不喜歡自己、
## 或自己不喜歡的人相處

也正因為我知道評價和標籤大多來自他人的自我解讀，在這個世代，眼見都不一定為憑了，尤其我身處這個標題殺人的媒體環境，大部分人都憑藉著自己的臆測與想像起舞，你的故事都可以在沒有任何證據下被撰寫成煞有介事

一樣，不管你是否澄清或解釋，大部分的人早已給你定罪了。傳言也是，我聽過關於自己各種荒謬至極、子虛烏有的傳言，90% 都不是真的，而不管我提出多少證據證明自己、也說可以當面對質，但這些八卦人士根本不在乎真相，人類大多只憑「自己的感覺」來判斷事情，人人皆能是鍵盤法官，任意給你定罪……經歷太多這種狗屁倒灶的鳥事之後，我現在都懶得解釋了，大多一笑置之，我只需要堅定清晰自己是個怎樣的人、無愧於心就夠了。

我不想去承擔我努力解釋了、提出了百分百的鐵證，還不被相信、還硬是被定罪的那種委屈與失望；那我還寧可是都沒解釋過，你才這麼判定我的，我心裡還好過一些。而我有時也會想，如果你是能憑藉一點捕風捉影、道聽塗說就隨便判定一個人的人，那你也沒有多高層次的判斷能力，跟這些人解釋也只是在浪費生命。

也正因如此，我能換位思考他人的傳言或新聞可能也都是這樣發生的。所以我從來不會透過別人的口中去認識一個人，也不會因為一個人過去做過什麼事，就以偏概全去定義一個人。我相信人是有很多面向、很多特質的，我們能看到某個人的面向，那只是他想讓你看見的樣子，那未必是真實、更不是全部的他。他會這樣對待你，不代表他會這樣對待我，而且我知道每個人在闡述事情時，大多會袒護自己、放大或曲解對方的缺失，且大多挾帶自己的視角解讀事件，所以我從不會只聽信單方面的說詞，就對一個人產生意見。甚至對我來說，他沒有傷害到我，我為什麼就不跟他當朋友，甚至需要切割

他？一起抵制他？關我什麼事呢？

對我來說，人分分鐘都可能成長，人的想法也可能天天在改變。我更秉持著「他只是做錯了一些事，但他不是個壞人」這原則在與人相處。我更重視的是一個人做一件事的出發點和目的是什麼，也許基於表象看起來似乎是一件錯事，但只要出發點不是出於惡意，我大多覺得情有可原，會希望用多一點包容心，去引導他下次做出更好的選擇，而非單方面的判斷去抵制一個人，是比較好的選擇。人非聖賢，孰能無過，即使真的曾經做錯事，過去會做不代表未來還是會發生，人都是會改變的。

這世界上現在有很多了不起的人，很多也曾經做錯事過，重要的是有沒有從錯誤中學習與成長，變成一個更好的人，更重要的是關於現在和未來的他，而且就算一個人有些部分真的處理不好，但他身上一定還有很多好的地方，是值得人學習的，我大多時候是看著他人的好在和他相處的，我認為每一個人身上都有發光的特質、都有值得他人學習的地方。例如：一個人情感方面的處理，未必符合普世價值的好的標準，但她很善良、很孝順、很有才華、做了很多好事……還是有很多很好的地方值得欣賞和學習，不需要因為一些不好，就去全盤否定一個人。對我來說，人沒有全然的善與惡、絕對的好人與壞人。

> 人無完人，我更希望這世界多一些同理心、多一些包容、多一些正向的幫助，才能讓周圍變得更好。

所以，即使面對傷害我的人亦是如此，我不會因為你討厭我，我就討厭你；你四處詆毀我，那我也要講你壞話；你排擠我，那我也排擠你；你怎麼傷害我、我就怎麼傷害回去；你欺負我、我就不幫助你了……看在別人眼裡，我大多以德報怨這些傷害我的人，雖然會被很親近的人叨唸我為什麼要這麼委屈自己、不要再替他們找藉口、不要這麼好欺負、不要再當濫好人了……我明白很多人說一些話、做一些事其實是為了凸顯自己，或是出於嫉妒心作祟，但他們並不是真的很壞，只是用了比較拙劣的方式罷了。

而且，我都已經知道被這樣對待真的很不好受了，為什麼我還要這樣對待別人呢？那我不就成為了和他們一樣的人了嗎？我反倒覺得是因為自己足夠強大，我承受得起，我才選擇這麼做。我不會因為你怎麼對我，就影響我想成為怎樣的人。你傷害我，雖然我很受傷，跟你相處我可能也會有疙瘩、有那麼一些不舒服，但你依然有很多好的地方，值得欣賞學習，我就盡可能放大你的光明處、持續做我想做的事即可，所以我極少會有討厭的人，能夠被我真正討厭的，一定是傷害了我非常非常多次、傷透了，我才會真的遠離這個人。

當然，我知道帶著這樣的信念與人相處，會經常讓自己吃虧、或被牽連、被

更多人誤解，甚至會被說：「會跟那樣的人做朋友，她也是個有問題的人。」雖然人生也遇過不少次這樣被莫名波及的情況，但我想這樣的模式依然很難改變，因為我認為，即使我真的因此受傷了，那也是評估過後我能承受得起的，至少我是出於自己的判斷、能為我的判斷負責任、能為我的選擇付上代價，我認為每個人都應該適當的保有自己的判斷，抱持任何事物都有著各種可能性，這判斷大多出於自己「中立的認識與判斷」，而不是帶著自己的濾鏡、或聽信他人濾鏡下的解讀，去做出的表淺判斷，我更傾向於讓自己做個「清醒且有彈性的人」。

正因如此，如果因為跟誰交流就被貼上一些標籤，我會覺得那也是我做人不夠成功、我個人特質不夠鮮明，檢討自己就夠了，別總是把問題歸咎於周遭環境。因為我深切知道，我的自我意識是很強大的，我沒那麼容易被影響，要是那麼容易被周遭的人影響，我早就不是現在這個樣子了，我的成長環境和經歷早就讓我偏到不知道哪去了。這就是明明出於同樣的教育環境（同家庭、同學校之類的），一樣會教出優秀和偏差的學生，我認為一個人要成為怎樣的人，是取決於自己怎麼吸收與發揮，我不會因為跟任何人相處，就等於我跟他是同種人、或是會做出一樣的事情。人啊！別總是歸咎於周遭環境或跟什麼樣人相處才讓自己變質，全都是自己的選擇，總歸一句都是因為自己不夠堅定。

## 欣賞自己的缺陷美，
## 愛上自己的不完美

> 接受自己的負面，是一種愛自己的方式，因為每一份愛，都是從「接受」開始的。

我認為人其實有各種樣貌，每一個特質每個人都有，只是成分多或少而已；每一個特質，也都會有它好和沒那麼好的地方，重要的是用在哪裡。

這世界上沒有絕對的好人、更沒有絕對完美的人。

與其說是缺點，我更傾向於說那是陰暗面，陰暗不代表是壞的，而是代表我們想刻意掩飾的成分。用我自己來舉例好了，我很想掩飾我的鑽牛角尖、很龜毛的特質，當用在工作上可以大幅減少犯錯或瑕疵的發生，但若用在關係裡頭，會讓和我交談的人壓力很大；例如我很固執，用在對的地方，如：正向思考、熱愛學習、樂於付出，會很有價值，是個相對堅持的人，但若用錯了地方反而可能成為偏執；例如我很自卑，就會因為想證明自己，非常非常努力做出一些成績來，但用在人際關係裡，過度自卑導致我不太懂得如何舒服的與人相處，深怕自己做錯事、引起別人反感；例如我很杞人憂天，用對了地方我會為自己鋪好後路，先做好最壞的打算再評估要不要做，反之用錯了地方會讓人覺得我太神經質，想太多做太少；例如我有自以為是的特質，

當我用在自身正向的信念與立場，我不太聽取旁人的誘勸，我才能一直走在光明的道路上，才會有今天的我，就是用對了地方。

但當我把自以為是用在對人事物抱有太多預設立場、不理解的情況下去解讀他人或對事情妄下定論，那就是用錯了地方……其實我們每個人，都擁有全部的特質，且所有的特質本就沒有絕對的好與壞，只是它存在我們身上成分多或少，我們都是完整的個體。不需要太拘泥於一定要改掉那些不喜歡的缺點，因為我們的本質永遠不會變，只需要知道，我們可以選擇它們發揮的地方，知道怎麼正確的「用」它才是更重要的。

我們要理解，人無完人，再好的人都會有人不喜歡。我們只要學著擁抱自己的陰暗面，把特質放在對的位置，專注讓優勢持續創造出更多正向價值即可。想著我能做得更好的地方去調整，而不是過度自責自己做錯、做不好。但也要時刻警惕自己，任何事都不要過度絕對，不要去到極端。

> 任何事去到了極端，就成了問題。更不需要追求完美，因為完美從來不存在，但永遠可以追求卓越，追求成為更有效的自己，成為那個發光版本的自己。

## 如何做自己？
## 如何才能不在意他人眼光？

我經常也會被問到這樣的問題，這彷彿成了每個人一輩子鑽研的課題。

其實，我認為做自己是件很弔詭的事，什麼是自己？怎麼做？才叫「做」自己呢？在探究心靈的這些年，我讀了很多西方哲學、宗教哲學、佛經、道德經一些相關文獻，有一天某一個頓悟的瞬間開始，我對「我」有了更深且不同的定義，其實「我」只是一個觀察者，她並不真正實質的存在，她是全然中立的、沒有任何特定樣貌的。生而為人，我們都是來體驗的，而體驗這些體驗背後的那個，才是真正的「我」。

而當我不存在，萬物皆不存在，世界不存在，而那個我就僅僅是意識，我們以為的我，並不是真正的我。所以如果說顯露出的我，並不是真正的我，那便不會有特定的樣貌，便可以是任何樣子。仔細想想，我們原先如何定義了自己，其實都是「選擇」來的，我「選擇」了什麼是我、我們早就「選擇」了自己要成為怎樣的人、「選擇」了如何定義自己是個怎樣的人，然後我們會替這個「選擇」找出很多佐證，例如來自於我的經歷、算命的告訴我、我的星座說我是怎樣怎樣的人、我的命盤、我的生命靈數、我的人類圖說我是 XX 者、我的人格測驗告訴我……諸如此類，大部分人都很愛鑽研的生命議題，來找自己的答案，然後看到答案表，人類大多都選擇了相信那些他們想

相信的部分，然後告訴自己：「那個就是我，我就是那個樣子沒錯，我就是那樣的人，我本來就是這樣。」

我總覺得這聽起來好消極，又有點不負責任，因為我本來就是這樣的人了，所以不能怪我，你們要體諒我、要包容我，抑或是把自己的不成功歸咎於命運，因為我的命就是這樣了，所以我放棄掙扎、因為我改變不了，那就只能這樣了。

也許是因為我生日不詳，所以我的這些數據無從考究，我無從得知真正的那些考核數據、和真正的原廠設定，所以我一直相信自己的一切都是自己創造出來的。人生是一場命運的遊戲沒錯，但我相信，企圖心會超越命運。只要你夠想要、夠堅定，你要成為怎麼樣的人、你要你的人生長成什麼樣子，都是自己可以選擇、自己可以創造出來的。我認為每一個人，每一種樣貌、每一個特質我們都具備，只是這些成分多或少，光明面（大家顯而易見你的特質）和陰暗面（你刻意想隱藏的）的問題。

> 限制我們的，從來不是關於我是誰，而是我限制了自己只能是誰。

不要太執著於某個版本的自己，進步是需要拋棄一部分自我限制的身分認同的。我們習慣把自己刻畫成一個樣貌，設定一些規則給自己，然後告訴自己

能做什麼、不能做什麼，如果我做了那就不是我，我不是那樣的人……我們以為我們不能這麼做，是因為受到社會的制約、害怕不能滿足他人的期待，其實那些規則與標準，都是自己給自己的。

我們一生中，同時扮演著許多不同的角色，我可能同時是個公眾人物、我也是個路人、我是個學生、我是他人的人生嚮導、我是個消費者、我也是個老闆、我是別人的女兒，我也可能同時是孩子的母親……人生在不同位置，都扮演著不同的角色、呈現著不同的樣貌、承擔著不同的責任。雖然我常開玩笑說：「我是風情萬種的女人」，但我是真心這麼認為的，也希望自己可以有更多不同的面貌，去每個極端都玩一遭、嘗試各種不同的風格、多一些人生體驗，我從不設限自己的樣子，我不會只有一種樣子、一個面貌，不止是在外表上總是有各式各樣的風格，我更希望自己是個能屈能伸、能瘋能穩、能靜能動，保有大局觀的同時，也有珍惜每個當下什麼都不管的時候；奮鬥努力的歲月裡，也允許自己有懶散的時候；堅韌又獨立的性格下，也允許自己展現脆弱的一面；懷抱企圖心去追逐夢想的同時，也保有釋然與中庸的優雅；平時像個大人一樣生存，也保有孩子般的心智生活……沒有哪一個才是最真實的我，每一個我都是我。

明白了每一個我都是可塑的、我是可以有各種樣貌的，自然就不會太拘泥於一定要「做自己」，因為「自己」根本沒有一個特定的樣子，我可以做各式各樣的自己。只要去評估這一個當下我要呈現哪個樣子？要做到幾分？如果

做了這代價我能不能付？可以承擔就從心所欲，不能承擔就不要做。例如：在一個群體裡，我到底要不要說真話，我這說真話的程度要到多少，說到100％會招來什麼樣的代價？你可能讓人厭惡、覺得你是很機車的人、讓人對你產生距離之類的，但不說又不舒服，那就拿捏自己的程度，負責任的去評估自己能承受那隨之而來的代價後，再選擇做與不做，做了招來反效果也別抱怨，那都是你選擇的。

反之，選擇迎合別人，也有迎合別人的代價要付，久了會讓人覺得你沒有主見、你什麼都可以，甚至變本加厲覺得你是個好欺負的、軟弱的人……每一件事情，有正就有反，有失就有得，一直都是這樣的道理。最終沒有什麼是絕對正確和錯誤的選擇，也沒有絕對的好與壞，對我來說，只要不傷害人的前提下，也不要太委屈自己，那就足矣。不需要時時刻刻想完全的做自己，完全根本不存在，因為自己是什麼樣子本就不存在了，都是後天選擇和創造出來的。那自然不用太在意他人批判或厭惡了某一個面向的你，因為那只是一部分的你，並不是全部的你，你沒有那麼糟糕，他們也沒有那麼偉大，你清晰自己是個什麼樣的人就夠了。

> 最終你的靈魂只需要取悅自己，最終陪自己走完一生的也只有自己。當你死後靈魂抽離身體的那一刻，你會發現最終你的人生，只需要對自己交代而已。遺憾都是自己創造出來的，與其讓自己遺憾這一生大半時間都在取悅別人、滿足他人的期待，

卻虧待了自己、最終自己都沒有很喜歡自己活成的樣子……那不如從現在開始，餘生不長，讓自己活成舒服且自己喜歡的樣子，才是真正重要的事。

## 如何做選擇？
## 尤其是人生重大決定

其實從出生的那一刻，我們就搭上了通往死亡的列車。逝去的每一分每一秒，都是一種死亡，每過一天，我們都是離死亡又更近了一些。而且死亡，不可預期，你永遠不知道，無常和明天，哪一個先到來？所以能好好活著的每一天，我們都應該感恩且珍惜，有些事現在不做，一輩子也不會做了。

每當我要做重大決定或是又迷茫時，都會把我的生命設下一個期限，問我自己，如果我的生命剩下最後一天，我去還是不去？如果剩下一週，我會如何奔赴？如果剩下最後一個月，我會去做什麼事？如果剩下半年，我會怎麼過完生命最後的半年？哪些人對我來說是重要的，生命的最後我會用盡全力去愛的；哪些事是我覺得這一輩子一定要完成的，不管做得好或不好，我都想要做的；哪些話、哪些結，是我一直深埋在心裡沒説的……拿出紙和筆，一條一條仔細的條列，當生命越來越短，那些不能被刪減的事項，就是你真正最想做的事。接著我們也會發現，其實大部分時候都在蹉跎時光、總覺得還

有時間、還有機會，於是怠慢、給了自己很多藉口理由不去做、不去說，被許多未知的恐懼給束縛，可是當生命是有期限的時候，那些畏懼、那些彆扭突然都不是那麼重要了。

> 其實，那些限制我們的，通常來自於我們的想像，它不是真實的。

雖然我總說著評估那代價能不能付，再選擇怎麼做，但我們很容易覺得這個不想付、那個也不想付，最後，不行動的代價才是最可怕的，因為最終成為了遺憾和後悔，才是真實的。就算失敗了，那是暫時的，但遺憾和後悔，卻是永遠的。所以每次遇到不知道該如何抉擇時，我都會問自己：「我明天就死了，我做還是不做？」然後我就會知道，那才是我最想要的答案。

我總是告訴自己：「每個故事都會有美好結局，如果沒有，代表故事還沒到結尾，那這中間的種種挫敗，都只是考驗，都是考驗，都是來考驗我的。」我要相信，我足夠強大，再差的狀況都一定會有補救的辦法，就算最後真的沒有，這中間我也一定會有所獲得、有所學習，誰不是在錯誤和痛苦中成長的呢？把這些學習來的發揮持續性的價值，創造出更多美好事物，才是更重要的事。很多以前我們曾經認為會過不去的大事，現在回首看，其實也不過如此，最終自己都走過來了。只要穿越了，都將淬鍊出更強大的自己，那些殺不死我的，都將使我更強大。

路，是人走出來的。我很喜歡一句話：「生活的態度從來不該是等待風暴過去，而是該學會如何在狂風暴雨中翩翩起舞。」人生的路途中，不可能永遠順風順水，困境只會不斷發生，不管我們學會多少事、更大的困難都在後面等著我們，我們抵擋不了困難、無法改變外在環境，只能不斷鍛鍊自己、強化自己，堅持信念、循著心之所向前行。

> 我們永遠無法抵抗風暴來襲，
> 我們也沒有超能力能隨時讓它退去，
> 我們只能安頓好自己，和風暴共處；
> 我們只能守護自己，在混亂中堅定；
> 我們只能鍛鍊自己，在崩塌中堅強。

在這資訊發達的年代，人類變得更加容易焦慮不安，勇敢的人持續往前衝，過度焦慮的人可能就困在了原地迷茫。對於我們想做的事，中間一定會出現很多困難與挫敗、很多雜訊的干擾、被數據影響、被成效打擊……我們很難不去在意這些「結果」，所以如何和每一次的結果有健康的關係，也是一輩子的功課。我們要學著不斷中立自我、秉持初衷，不管現況有多糟糕、雜訊多干擾與打擊，都要有個清醒的自己跳出來提醒自己，當初為什麼而做這件事情，我帶著什麼樣的初衷及願景開始這件事情的，提醒自己承諾於願景是重要的，而承諾的態度是，無論付上什麼代價都用盡全力讓想要的結果發生，才是承諾到底。

提醒自己要一直懷抱希望，我是一個認為所有事情都是有希望、有辦法的人。

> 我們要相信，我們足夠強大，再差的狀況都一定會有補救的辦法，不要輕易就說出「沒辦法」三個字，人類其實沒有這麼愚笨，任何事情都有其他更好的辦法，只是「願不願意」這麼做而已。

我很不喜歡聽到他人輕易説出：「我就是沒辦法怎樣怎樣」，因為這樣聽起來很消極、是種不負責任的態度。事實上，你根本沒有這麼弱，你只是不願意再花多一點力氣去想，更直白點説：「你不是沒辦法，你只是不願意做其他選擇！」人類很不喜歡承認自己其實有其他選擇，只是那個選擇可能比較不輕鬆、不舒服。但如果告訴你：「你這麼做給你多少錢……」那個沒辦法都可以有辦法了，你就會盡力去做了。例如告訴你：「你今天如果成功壓抑住暴走的情緒沒有失控，就給你兩百萬。」看看你還會不會輕易説出：「我就是沒辦法控制情緒……我就是沒辦法如何如何……」

所以每次遭逢困境時，我會一直反問自己，我用盡全力了嗎？我極限了嗎？我用盡各種可能的辦法了嗎？還有什麼是我沒有想到的？還有什麼是我不願意拉下臉去做的？但也許做了，會是一個機會，而我連這機會都沒有去嘗試，我就不能輕易的投降……我是一個極難放棄、投降於自己的人。就算最

後的最後，所有可行的辦法都用盡了，結果還是差強人意，也不用因此太受打擊。

> 真正的死亡，不是身體機能的死亡，而是停止創造的時刻，是這世上再也沒有人記得他的時候；只要還有人記得，傳承他的精神，那麼這個人其實沒有真正離開。

人生到最後，其實只為自己負責。「有沒有活成自己喜歡的樣子」最重要。一個人真正活著跟死去，不在於生存，而在於精神。我們無法改變我們的命運，但我能選擇一路上的體驗和態度。每一件事情，都值得感恩；每一件事件發生，都會有獲得的部分；看你如何賦予它帶給你的意義和學習，並且創造延續性的價值，為他人和自己帶來更多正向的影響力。

「每個信手拈來的從容，都來自厚積薄發的沉澱。」我一直都認為，人間的鍛鍊才是最困難的。在經歷無數的傷害與險惡後，依然選擇良善是困難的；在遭逢屢屢背叛與絕望中，依然選擇簡單相信是困難的；要在繁雜的世界裡，選擇簡單的活著是困難的；我們要如何在這動盪競爭的社會裡，保有真實的自我、保有欲望的同時，又保持內心的平靜是非常困難的……簡單不是一種境界，而是選擇。「所謂成長，就是信念不斷崩塌再重組的過程。」如何在每一次的崩塌中我們都能重新拾起自己，需要透過日常不斷冒險來磨練自己、鍛鍊精神，也不忘時常獨處來淨化我們的靈魂，這些對我來說，是生

命該保持的循環，也是一輩子的鍛鍊。

如何更從容優雅面對接下來生命中的考驗，關關難過關關過，我們最終只需要專注於自己想成為怎樣的人，看著這個終極目標前行就足夠了。中間那些都是過程、都是磨練、都是考驗，先成為了想成為的人，你想要的結果就會隨之而來，「Be do have」一直是我堅信的宇宙規則，一切都是來自於我們的中心思想、我們的意識、我們的信念，而意念會創造實像，你生命經歷的一切，都來自於你的意念。

所以不斷強化意識、鍛鍊一個保有開放性、可能性又正向的思維，我可以很邏輯理性思考，也有跟著感覺走的時候；我可以很執著於目標，也懂得適時放下；我可以很堅強，也擁有示弱的勇氣；我可以很強悍，也保有溫柔的一面；我可以很成熟穩重，也可以有孩子的樣子；我可以全力愛一個人，也有用力愛自己的能力……讓自己擁有各種不同的力量，因應不同的狀況，發揮不同的面向，對我來說，每一個面向的鍛鍊都是重要的、也是我想擁有的。很多人即便看了很多書、吸收了很多他人的智慧，但為什麼人生依然停滯不前？都是因為沒有真正「去做」、去「實踐」它。

那些年的隻字片語

那些年的隻字片語

我們必須開始去做，實踐了、成功了，才算是真正的學會，不然那些僅僅是停在感官的吸收而已。所以我會繼續努力逼迫自己「做到」，累積我的經驗值，不斷自我鍛鍊，我會繼續朝著風情萬種的女人前行，保持冒險的精神、多些人生歷練，唯有經歷，才是他人帶不走的。相信自己即是一切的源頭，「我要我的世界長成什麼樣子，由我來創造！」

願我們都能當起自己的人生實踐家，勇敢面對挑戰、繼續淬鍊自我；願我們都越來越強大而優雅，從容面對接下來人生的挑戰；願你我都活得不枉此生，活成自己最驕傲的樣子。

# 愛情真正該有的模樣

## 它不容易、卻很純粹

成熟，
只是女人的一種技能，
而非性格；
獨立，也只是我的技能，
不是我一直享受的樣子。

一直以獨立的性格引以為傲，在感情中也不例外。

可能因為我從小到大一直以來的生活都是獨來獨往，大多事情都只能靠自己去完成，沒有人可以依賴。長大以後，即使有了另一半，我很樂意陪另一半去做他的事情，陪伴對方一起面對問題，但我自己的事，經常還是會自己一個人去做，面臨到問題，大多自己想辦法，不大會跟另一半說。

曾經有一任男友，問我去哪裡了？我說我去看醫生啊！他很驚訝地問我為什麼沒告訴他？我當時也很驚訝，覺得為什麼要講？這是我自己的事情呀。曾經被當時男友發現我偷偷看心理醫生的就診紀錄，讓他很是憤怒，覺得我隱瞞他、更引發他自責的情緒，一度吵到分手，當時我還天真的覺得，我這樣自己面對自己的問題，不想造成對方的困擾，不是一種貼心的表現嗎？

我會在感情中不自覺一直想證明自己不需要任何人，也可以把自己照顧好的形象……有些時候，也會對於朋友圈中那種特別依賴另一半的人，不免質疑，覺得會不會過度依賴了？這樣分手該有多痛苦呀！她能靠自己生活嗎？她有自己的主見嗎？怎麼什麼問題都要經過另一半同意呢？……總是控制不了的評估他人的感情模式，這樣真的適當嗎？

## 獨立，
## 原來是人際關係中的一種包裝

直到近期瀏覽了網路上的心理學資料才輾轉發現，自己是人際關係中的「假性獨立者」：意指總是將自己包裝成強大的樣子，看不慣那些小鳥依人的女性，而且遇到真的解決不了的問題，也堅決不開口求助。但是，對方真的就放手不幫忙了，他們心裡又莫名隱隱覺得委屈。根據心理學家的研究，有兩種可能造成這樣的假性獨立。

第一種原因：可能是假性獨立者在成長過程中，父母沒有給予足夠的支持，因為等待最後落空，孤立無援的感覺讓他覺得自己的父母、家人不會給予資源，就算有也不靠譜，因此什麼都要靠自己努力。

第二種原因：可能是在過去失敗的戀情中，用了錯誤的視角來認知結果，認為自己總是被拋棄、自己不夠好。這些創傷經驗被內化，導致他在日後每一段戀情，都要求自己一定要做個強大的超人。

用心理學來解釋假性獨立者的現象，這是基於依戀關係理論發展起來的一種防禦方式，是指一個人為了避免那種需要別人幫助，而引起的尷尬感覺和羞恥感，習慣性地拒絕任何人的幫助。

表面上非常堅強獨立，什麼事情都自己處理，但只要一遇到感情方面的事，就搞得一團糟。他們內心極度渴望與人建立親密連結，又因為不相信別人、害怕受傷，所以表面裝出冷漠獨立的樣子，有人靠近了，就不斷用各種方法測試對方的「誠意」，這些方法往往不切實際又強人所難；有人疏遠了，就告訴自己「他也不過如此」、「反正我也不需要他」，然後不斷在這樣想親近又疏離的矛盾中折磨著。這種人，就是「假性獨立者」。

## 戀情，總是不長久
## 感情中我總是在索討

一直維持若即若離的感情模式好多年，一種內心其實渴望，卻又不斷把人推開的無意識行為模式。經歷過一些曖昧許久，卻始終不確認身分的關係；也經歷過覺得對方不用對我負責任沒關係，因為這樣我就不用害怕失去了；也經歷過好不容易和愛的人在一起，卻不斷找對方不夠愛我的證據，想做出最大程度的預防傷害。

我的戀情通常不太長久，且我的情感生涯中，不覺得自己有遇過渣男。也許是我總會設下層層關卡考驗、測試對方的誠意，通過之後才可能有下一步的交往，又或者是，在關係經營中抓漏，不允許感情中有一點瑕疵，當我有一點感受到自己不那麼被愛時，就想趕快逃離這段關係，以免自己受傷……即使最後真的受傷了，我也很難定義一個人為「壞」或是「渣」，尤其是對自己愛過的人，會有更大的包容與諒解。

因為關係都不太長遠，一直覺得為什麼我已經為對方付出了那麼多、犧牲了這麼多、配合了這麼多……卻還是沒有被好好的對待？是不是我很差？我就這麼不值得被愛嗎？甚至不自覺把感情的狀態和我的父母聯想在一起，覺得自己是不是天生就不被愛？直到學會跳脫出來審視自己，才發現自己其實有很大的責任，因為我會在關係中不斷測試對方的愛有多少，而當對方的反應

不如預期時，就會自我判定「他不愛我了，那我要趕快跑！」因為從小就像皮球一樣的活著，一直被踢來踢去的，總是等待被選擇、被遺棄……長大後，我太害怕自己又是被拋棄的那一個，所以好幾次爭吵，我都選擇先推開對方、先走為快，這樣我就不會被不要了，需要對方不斷來求和多次，做出很多證明是愛我的事，我才可能重新相信他是愛我的。

這樣日復一日的測試，我一直在找他不愛我的證據，其實在關係中很消磨對方的愛和耐性，當對方被消磨殆盡後，我就覺得自己驗證了對方真的沒那麼愛我，那我要趕快逃離以免自己受更大的傷，所以關係裡不是我主動先提分開，就是對方提了分開後反悔，但我都不肯復合。

我覺得對方能為了小事就提出分開，那就是對我可有可無，對方不夠愛我，如果沒有更大的證據說服我相信對方是會一直愛我的，我通常不會回頭。表面上看起來我總是比較狠心的那一個，但其實是因為我太害怕受傷了……以前我以為自己這樣在愛情裡是理性、睿智的，不太好哄騙、也不會被愛沖昏頭，我再愛一個人，都還是保有理智。直到近年才真正理解，愛是不能被這樣單方面定義的。

人很容易在愛情中，不自覺把自己的人生課題丟給對方，要對方幫你修補，當修補不了，就換另一個對象、開始另一段新的關係。就這樣不斷循環，然後覺得自己的感情怎麼總是以差不多的失敗原因收場。像我的成長帶給我最

大的人生課題就是自卑與不安全感，所以我很容易在關係中不自覺放大這個
體驗的缺失，要對方來照顧我的負面感受……事實上，每一個人自己的課
題，都應該自己修好，先把自己完整了，才能真正懂得如何愛別人。

不然就只是不斷找個對象刻畫成理想的樣子、要他人為你的生命負責，其實
說到底，都只是在愛自己而已。真正愛一個人，會讓對方做他舒服的樣子，
即便你不那麼喜歡，但你依然會愛他。喜歡是感覺，愛，是承諾。我不一定
會一直喜歡你，但我會一直愛你。對我來說，愛是一種昇華的境界，它始於
喜歡、行使於承諾，無論他是什麼樣子，無論他待我如何，我都會愛他，那
才是真正的愛。愛也可以有很多種形式、很多樣貌的。這是困難的，如何在
關係中放下自己的人生課題，是我至今都還在努力學習與克服的事情，期許
未來成為更健全的自己，能夠更自在、更勇敢的去給予愛。

當然，真正愛一個人，是會去傾聽、會去理解對方，用對方
需要的方式給他愛。而不是一味的只用自己的方式，還要他人相
信你是愛他的。

這就很像是：我就是想吃橘子，而對方卻不斷塞蘋果給我，我不斷表達我只
想要橘子，我需要吃橘子才能補充我需要的養份，對方卻覺得他已經花了很
大力氣、甚至給了我世界上最好的蘋果了，為什麼我還是覺得他不愛我？但
也要理解，每一個人，都有著自己本來愛人的方式，不能因為對方沒有照著

你的方式來，就直接判定對方不是愛你的，所以彼此間的溝通與調整，是很重要的事。

一直以來秉持盡量不改變對方的我，希望讓對方做舒服的自己，於是總是我在傾聽對方、配合對方，卻忘了也要表達自己的感受與需求，我會覺得一旦我說了就變成「那是我要求來的，你真正愛我的話你會自己這麼做」，然後覺得對方應該要很了解我吧，他理所當然應該會知道該怎麼做才對，所以當對方沒這麼做，我就會一直默默累積失望，直到積累量足以驗證「他真的不愛我」，我就會想放棄這段關係了……後來才理解，其實再親近的人，都不可能總是了解你的需求，即使是你的父母都未必理解了，那又怎能期望另一半總能猜到自己的心思呢？

後來我也發現不只是我，為了這樣事情吵架的情侶真的好多，一段關係問題的出現，都始於「不溝通」，不溝通的基點都建立於「我覺得他知道，他應該要怎麼樣怎麼樣」，但事實上也許對方從來不知道，或是他已經用了他認為對的方式在處理問題，這樣不溝通的處理方式就會導致問題蔓延、衍生更多問題，積累太久、一發不可收拾時，通常很容易分道揚鑣，然後大多會給這段關係散場下了個合理註解：「我們不適合」。

一段感情的散場，不會只有單一方有問題，感情是兩個人經營起來的故事，問題自然是兩個人的責任。

我認為「這世界上本就沒有天生適合的兩個人，只有願不願意互相配合的兩個人。」每一個人都來自不同成長環境、有著不同的觀念、不同的信念造就不同的行為模式、每一個人付出愛和感受愛的方式也不同，相互之間的溝通與調整，彼此都讓步一點，是重要的。如果總是只有一方在退讓、在遷就著另一方，久了也會累，也很難走長遠。所以關係中，傾聽是非常非常重要的事，一直以來，我都會引導對方對我敞開心房，我也擅長在關係中做好一個好的聆聽者。我覺得一段穩定的關係，心靈上的支持與同理，是最重要的首要條件。「理解，是愛的基礎」，當一個人能被傾聽、被理解時，是非常溫暖的事，會感受到自己是被愛的。

> 一段關係裡，最重要的不是關於他是誰，而是關於，在他面前，你可以是誰。我希望，我可以不完美，但我依然被疼愛著。

## 找到愛情中的盲點
## 釋放心中那個渴望愛的小女孩

除了發現了自己舊有模式的盲點之外，近年經歷完一段論及婚嫁的感情收場，也讓我有了新的體悟。以前總覺得要找到條件都符合理想的對象太困難了，所以當遇到了，會覺得就是他了，他就是那個對的人了。交往時我也正值心靈進修的旅程上，雖然改變了許多舊有的模式，卻看見了自己更加深層

的渴望。但我總是會把那一面的自己隱藏起來，因為害怕自己不那麼好，就不值得被愛、就可能會被捨棄。

所以我竭盡所能要當一個最完美的女友，我要全然配合對方、為對方著想，秉持：「愛一個人，就是要給他他想要的，要用他需要的方式去愛他」；我要給他最大程度的支持與陪伴，但不用陪伴我沒關係，我一個人可以；我要很成熟獨立，不要給對方添麻煩；我要很有智慧，不能任性、不能有要求、更不可以有脾氣……所以當我有時候維持不了這樣的完美時，我就會受到另一半的指責，在這段關係裡頭我總是戰戰兢兢，深怕自己出了點差錯，對方就不會愛我了。

我也意識到，原來自己其實是渴望被疼愛、被照顧的，我是可以很獨立，但其實也希望可以不用一直這麼獨立，原來我內心那個小女孩，她一直都在，她只是被我關得好好的，但當我意識到、想做調整，好像來不及了，對方覺得為什麼我會變得開始有要求、有脾氣，當初他愛上的那個善解人意、處處為別人著想的我，怎麼變了？於是我們的爭吵與日俱增，感情也漸漸走向終點。在這段關係裡，我好像一直都得是那個很好的我，我只能是一個成熟女人的模樣，容不了一點瑕疵，我太照顧對方的感受，卻忘了要照顧自己，我才終於理解大家常說的那句話：「真正愛你的人，會讓妳做回孩子。」

感情的開始，是源自於喜歡這個人，但關係的維繫，更重要

的是，喜不喜歡這段關係裡的自己。99

在這段關係裡，我很喜歡對方，因為他是我遇見過最符合理想型的對象，我也是對方與對方親友口中交往過最好的另一半，所以身邊人都看好我們會結婚。但仔細探討自己更深層的心靈，會發現我並不喜歡這段關係裡的自己，我太不自信、不自在了。我好害怕犯錯、或是我沒有那麼好了，自己會被分手，所以相處以來一直都膽戰心驚的，長期下來變得越來越不自信……當一段感情能讓妳越來越自信，那就是在滋養妳，反之，則是一種內在消耗。

我並不喜歡這麼不自信的自己，也因為我的不要求和全然配合對方，所以過程中也體驗不太到被疼愛的感覺。最意識到我不能和這個對象走入婚姻的時刻，是某一次和幾位也同樣論及婚嫁的朋友們聊天時，彼此分享著為什麼非眼前這個對象不嫁的原因，聽著友人們一一分享眼前這個人的特別之處、有多需要對方、列舉對方對自己特別好的地方，大家都講完一輪了，我發現我完全講不出任何一點，除了他個人特質的優點以外，我卻完全舉不出待我有什麼特別之處，講不出任何被特別疼愛的事蹟，甚至發現「我一點也不需要他……」喜歡是想要，而愛是需要。想要這個人只是一種喜歡，而愛的延續，應該是你覺得你需要這個人。

當我意識到，我不需要他，這份愛就難以延續了……對我來說，愛也是需要流通的。當對方沒有對你付出愛時，那他好，僅僅是他的事，與我無關。分

手後某次和對方的媽媽吃飯，她說了一句話讓我至今銘記在心，她說：「於私心，我們很想把妳娶回家，因為妳是我們覺得他交往過最好的對象了，但是，站在女人的立場，阿姨希望妳嫁給一個疼妳的人，女人，一定要嫁給那個疼自己的另一半，婚姻才能走得幸福長久。」

最好的愛，是給你力量去做自己。我們本來就不完美，但我們都是完整的個體。在愛情裡，也不需要過度追求那個完美的自己，過往的我就是如此，一直秉持著愛對方就要給對方他想要的，但如同之前所提到的，任何事，去到了極端，就是問題。極端的照顧對方、卻忽略了自己的感受，倒置關係長期的失衡，到後來想要調整已經太遲，這也是我自己創造的結果，我也得承擔這個責任。他沒有做錯任何事，他依然是個很好的男人，只是我們不會再走下去了。

這段差點步入婚姻的感情，讓我學習很多。我很感謝自己在途中醒過來，把那個塵封已久的小女孩放出來，真的好好的看看她，告訴她，她並沒有不好，她就是我的一部分，我不可能永遠壓抑她，那樣真的太累了！我就是個凡人呀！不管我經歷過多少，終究還是那個渴望愛的小女孩呀！獨立只是我的技能，但它並不是我的本能。我相信，總有一天，會遇見那個也願意愛那個小孩的另一半，會有人愛我的不完美……餘生，我只想活得更自在。

> 真正的愛，是互相需要、是互相平衡，能一起往前進，是一加一大於二的。

## 自己和對方都要一起成長
## 才有屬於兩人的未來

以前我總說：「一段感情，能不能兩個人一起前進，是最重要的事情。」在自己經歷過不少的感情經歷，也聽過身邊朋友大大小小的問題，我發現，很多人，會在愛情裡頭找依附，很多時候並不是真正愛眼前這個人，而是這個人，滿足了你某些體驗和依附。

我曾經有段戀情，朋友問我：「妳怎麼會跟他在一起，妳喜歡他什麼？」我說：「因為他對我很好呀。」當時朋友還說：「妳這什麼回答？我是問妳愛他的哪些點？」我還理直氣壯跟對方說：「就是他對我很好，這點就夠了！這很重要！」後來才發現，這件事雖然也重要，但如果僅有這件事在維繫感情，也無法走得長遠。因為我當初並不是被對方任何特質所吸引，只是因為他對我很好，我感受到他真的很愛我，於是就答應了交往。但往更深一點去看，其實我不是愛這個人，我是愛那個被疼愛、被照顧的「體驗」，而我一直以來的不安全感，在當時很大程度的被滿足，所以走在一起時都不覺得有什麼太大的問題。

但是，我們並沒有一起前進，交往期間對方都是沒有收入的，我則是事業不斷往前衝的那一方，我日漸感受到，我看不見我們的未來，我們也從來沒談過，關於婚姻的話題……後來也發現身邊很多愛情長跑多年卻始終沒有進入婚姻的情侶，大部分都有類似狀況發生，可能說不上特別愛這個人的什麼，將就這樣過日子也沒什麼問題，也就這樣一直過下去，其實中間幾年可能有發生一些問題，但就是不溝通、不處理，把問題擺著，雙方都不提，就這樣看似相安無事的走下去，直到兩個人之間的差距越來越大、前進的人越來越遠了，可能有一天就走向了終點。

不管是我，還是身邊的朋友，都發生不少類似的情況，我仔細去探討為什麼這問題經常會出現卻不容易被當局者發現。我發現，其實是因為這個人，可能很大程度滿足了我們一些體驗，尤其是「安定感」，當安定感有被滿足，我們就不大會看見其他問題，就以為沒什麼問題，但也說不出，為什麼不往下一步？眼前這個人也沒有不好，他也對我很好，但是，卻看不見和這個人幸福的將來……

對於人性、對於探討愛一直高度熱忱的我，除了時常深掘自己的內心，也喜歡探討願意一起交流的朋友的經歷，從他們的經驗找答案和學習。

這幾年我發現，每個人在戀愛關係裡頭都會被滿足一些重要的體驗，而某些體驗會產生依附，進而讓我們產生很愛這個人、非這個人不可的錯覺，其實

只是我們在愛那個依附感。我自己發生過依附安全感、被照顧的感覺，就以為那是愛的經驗；我也遇過身邊朋友，後來發現是在依附某些救世主情節、聖母情節，帶來的認同感和成就感；也遇過有人是依附那被包容的體驗，覺得再遇不到比眼前這個人更包容自己的人了⋯⋯當然這些依附在交往的當下都不太會發現，通常是分開後好一段時間，我幫友人深度探討中，才一步步去發現到的。

我也發現有些人對一些過往的戀情有遺憾，但要他們仔細回想，卻也說不出這個人有哪裡特別好？最後深掘才明白，他們遺憾的也許是當初的那個自己，他們愛的是在這段關係裡頭的自己，可能當時的自己是最天真的、無畏的、敢愛敢恨的、最快樂的時候⋯⋯過不去的不是時間，而是那時候的自己；放不下的不是那個人，而是不甘心的自己，不管是特別好的自己、或是沒有做好的自己、犯錯的自己、不夠努力的自己、沒有被好好對待的自己⋯⋯最後其實都是源自那一個自己罷了。

即便經歷許多戀情、也有了很多學習、也經常在探討愛，卻始終覺得愛是一件非常複雜的事，覺得自己沒有非常懂得愛，更覺得自己仍然不是個太勇敢於付出愛的人，有時候也會質疑自己是否值得愛人與被愛，但又期許自己成為那個能愛人的人。對我來說，敢於付出的人，是非常強大的！愛人是需要勇氣的，因為愛是會受傷的。我們必須要有承擔受傷的勇氣，才能愛人。我認為真正的愛是「無條件的愛」，是放下所有期盼、所有標準，不管對方

待我如何，無論他是什麼樣子，我都會愛他，這是非常困難的；反之，期許
自己也是，要相信自己無論是什麼樣子都能被愛著，是期盼卻也困難的。這
一路上我還在學習，還在學習如何找到之間的「平衡」，雖然沒辦法說自
己完全懂得愛了，不管我覺得參透了多少事，仍然會在愛裡迷失一部分的自
己，但至少我越來越勇敢去愛人了，也慢慢的找到了，自己渴望的愛情是什
麼模樣；以及那個在愛裡頭的自己，可以是什麼樣子。

## 別在愛情裡找安全感
## 那是要自己給自己的

雖然我的成長經歷帶給我的不安全感，可能一輩子都難以去除，但我知道這
是我的人生課題，我只能自己修。另一半充其量只能是個輔助、沒有人有義
務為我的感受完全買單。所以未來的感情裡，我期許自己仍然不需要管束對
方，以前我的不管束，是因為覺得我不應該、我不能這麼做，因為這樣會很
像瘋子，我會被不喜歡。

> 我期盼的是：我是愛你的，而你是自由的，如果你愛我，你
> 自然會自我約束，不需要我去控制。

安全感，應該是自己給自己的。一個過度不安的自己，即使對方做了再多，

你的不安永遠都在，所以重要的不是關於他人，最終都是自己。你要相信，你已經足夠好，你值得被好好對待，你值得被好好地愛著，如果沒有，那也不會是你的錯，是對方不配繼續擁有這麼好的你。所有的體驗都應該由自己給予自己，先完整了自己，我們才能健康的去愛人。

有一句話是這麼說的：「喜歡是享受，而愛更多是接受。」我們通常因為想要繼續享受這個人的好，而會繼續喜歡、甚至想走在一起，但愛情裡頭，需要更多的是「接受這個人的缺陷和軟弱」。享受這個人好的同時，能不能也接受他所有不好？尤其是在他挫敗、黯淡、怯懦、徬徨、失控……那些漏洞百出、再也不發光的時刻。他不是你喜歡的樣子了，他可能暫時的壞掉了，而不論他現在有多糟糕，你都會接住這個人，好好的擁抱他、陪伴他，持續用你的光照亮著他，陪他度過那些灰暗、甚至狂風暴雨的混沌時光，經歷過他所有的不好、所有的缺陷、甚至看見了對方最醜陋的樣子，而你無論如何都愛著這個人，這才是真愛。

> 66 對我來說最難能可貴的愛是「你再糟，我都會接住你。」99

如果你的身邊剛好有個這樣的人陪伴著，請好好的珍惜這份愛，因為這實在是太難了！我也期盼著有一天，能遇到那個無論如何都會接住我的人。不再是因為我一直都好好的，而是我能允許自己再也不那麼好了，這個人，仍然會愛我……他愛著我的好，也愛著我的缺陷美，我想遇到的，是那看起來艱

難卻又是最純粹的愛。

> 66 當一段關係足夠親密，之間的分享欲是高的。不僅僅是深度的心靈交流，就算只是再平凡不過的生活日常，每一個小情緒、小場景、小遭遇，都會想第一時間和對方分享，彼此之間都願意全然地互相傾聽與分享。建立一段無話不談的關係，是關係中最浪漫的樣子。 99

因為它必須是兩個人都同頻，才能建立起的連結，這是單方面創造不來的，每一份竭盡所能的奔赴是雙向流通的，是非常難得的事。所以，珍惜那一個能和你無話不談、讓你保有高度分享欲的那個人，雙方能同時都保有持續的高頻，都能向對方全然的敞開，甚至在關係中彼此切換角色，或強或弱、在對方需要時都能適時切換不同方式的給予支持，是更加難能可貴的事情。當能做到這樣的頻率共振、相互理解與包容，甚至能經常沒有話語，只是一個眼神，便能體會彼此；有時僅僅是相擁著，都能體驗到彼此細胞正在甦醒和相連，那樣靈魂上的悸動與親密感，對我來說，那個人就是 The One，就是靈魂伴侶。

「我好想讓全世界知道妳有多好，而妳是我的女人。」是我聽過最浪漫的情話，比一些冠冕堂皇的情話，更打動我的心……我不想去定義一段感情的結局或遺憾，因為對我來說，只要兩個人都還活著，就沒有所謂真正的結局，

有多少對戀人，繞了一大圈之後還是走在了一起呢。

過往我遇見過的男人，雖然至今都沒有走上世俗認定的美好結局，但他們都是很好的人，教會了我許多事。對我來說感情的收場，沒有絕對的對與錯，參雜其中能影響的因素太多、太複雜了。但總歸來說，都是成長的過程、愛過的痕跡。以前也許是我還太不明白自己、還沒準備好自己，用錯了方式在經營愛。但現在了解自己更多、也變得勇敢許多之後，我更接受了自己的所有好與壞，也真正懂得愛自己了，所以相信我一定會遇見那個愛我全部的人。

願我們都能全然的愛上那個，不完美卻完整的自己，遇見一個我們想全力去愛的對象。村上春樹說過：「如果你愛一個人就不要害怕結局，在能愛的時候用力去愛，畢竟不是每個人都能很幸運的遇到那個很愛很愛的人。」能夠遇見，已是莫大的幸運了！願我們都能好好珍惜生命中每一份遇見，遇見那個很愛的人、遇見那個 The One，我們都能勇敢去愛、去給予；用力去愛、去付出。

## 不曾白活，
## 2018 ～ 2022 年度總結

hsyan0625

2018年

2018是我目前經歷最「特別」的一年

從年初就開刀之後身體開始越來越多狀況
是進出醫院最多的一年，中間有3.4個月是每
週報到
也因為這樣有好幾個月飽受類固醇的摧殘
讓我體態產生「巨大」的變化
身邊沒有一個人沒說我變胖變腫的
各種嘲諷什麼肥婆腫的跟豬一樣各種傷人的話
都聽過了😂
最後發現了唾液腺結石，所以即使我開刀拿了
扁桃腺也沒能拯救我的下巴
但唾液腺手術後遺症太多我就沒打算了
只能自己靠後天調整飲食、作息、跟中藥暫時
的減緩它的狀況

今年也是最lonely的獨立之年
逢年過節一大半都一個人在家度過了
跑醫院從頭到尾都是一個人
吃飯看電影過節什麼的當然也都不例外
不過也默默完成了一個人出國玩的心願
還有就是剛好和公司合約也剛好期滿畢業了
於工作上我也獨立了

還有一些流言蜚語假消息的重傷就不贅述了
期許自己在新的一年可以更加勇敢更勇於表達
不要再默默一個人吞滿腹委屈了
蟹蟹的能忍不應該用在everywhere！！

今年年尾突然領悟要對自己好這件事
身邊的人總是勸我可我都不聽勸
總把好的留給我愛的人對自己卻總是苛刻
新的一年我要學會愛自己多一點
想做什麼想買什麼想吃什麼都能果斷的給予
自己
把愛人的能力拿來愛自己比較實在

新的一年我最期許自己能是個勇敢的人
勇敢的說勇敢的做、勇敢的去嘗試不一樣的角
色、身分跟體驗
當然更希望自己能再健康一點
可以不要再靠任何藥物控制身體
還我原本的體態就心滿意足了
然後希望自己能去更多地方走走看看
學會讓自己放鬆充電 去體驗更多人生
青春這麼短，我不要再苛刻生活浪費我的青
春了

最後希望關注我的每個妳／你
都能跟我一樣
我們一起把過去的壞事轉換成能量
過去的迷茫我們都能不再遭遇
好事繼續保持甚至精進，壞事當作警惕學習
2019我們都能朝自己的目標更努力邁進💪
那你們也要繼續愛我好不？

#2018掰掰
#2019勇敢起來
#愛自己起來
#健康起來

2019年

hsyan0625 ✓

2019-2020
最後一天和第一天
又在狼人殺和大家見面

2019是我の重生之年
也是最豐盛的一年

終於找到那個迷失了好久好久好久的真我
在心靈上、生活上、關係上也是改變最多最豐
盛的一年
也做到了好多自己覺得不大可能達成的目標
……
這一年 我真的好幸運好幸福

這一年我花了很多很多時間
在工作以外的事情上
可是我很感謝這一切
因為這樣的快樂
是比賺再多的錢都要來的踏實喜悅
是心靈上從未擁有的自在感跟富足

我會帶著這股力量跟勇敢
在我的2020繼續往前、繼續愛人、愛這個世
界🌏

一月一日早上6:30我起床了
因為這五天我有重要的使命要去做：）

2020一起加油💪🏻有你有我，我們彼此擁有

#感謝在我身邊愛我的所有人
#感謝2019所擁有的一切
#期待2020我會用力愛你

hsyan0625 ✓

就在2020的最後、就是昨天
播出了近期通告傾訴最多真實自己的一集⋯⋯

過去有些話題我避諱談，因為使我不舒服
從尷尬、掩飾、偽裝、到說謊⋯⋯
各種包裝心裡底層恐懼和自卑的策略，我都
用了
可當我體認到這些策略自以為滴水不漏
卻讓我心靈折磨與束縛甚至丟失了自己

感謝今年的我又更勇敢了一些
選擇面對了很多過往避而遠之的恐懼
說出了一些不好聽，但卻是我最真實的聲音

開始願意坦然的表述那個不完美甚至醜陋的
自己
即使知道這樣的自己可能不被接納、可能引
發唾棄
但我終於體認到那份心靈上的自由與平靜

這一年，每一天提醒自己活在當下、知足並
感恩
我最經常告訴我自己的就是
「如果我明天就死了 我會怎麼做⋯⋯」
只有完全活於當下的人，才能體認到永恆∞
你永遠無法預測，無常和明天哪一個先到來
把每一天、每一時、每一刻，活成你／妳最喜
歡的樣子
不留遺憾的度過每一天
善待身邊每一位遇見的人
哪怕只是多說了幾句話、多做了幾件小事
我都知道這是我想給這個世界我所能給的，
足矣
而每一天細細品嚐著我擁有的一切，並滿懷
感謝著
我擁有的真的好多、我真的是個非常幸福的人

希望把我的幸福都分給每一個愛我的人們🖤
HAPPY NEW YEAR🖤🎆🥂🍀

🧴@homeshop2007
#具體我坦露了什麼大秘密請自行收看節目
#小明星大跟班
#QA裡的洋裝就是這一天錄完影後回家拍的

hsyan0625 ✓

「想讓追蹤我的人，不只是看看外表跟美照
而是認識真真正正不完美但完整的篠崎泫，是
我想做的事」

謝謝大家看到 #一日飯局 之後
給了我很多鼓勵跟溫暖
雖然現在的我已經覺得自己很好了
但還是很感謝 🙏

也感謝自己在接納自己這條路上做了很多努力
花了很多時間進修、和自己相處 🧘‍♀️🧘
不斷在過去的痛苦中重新經歷、和解、放下並
穿越它，才有今天可以坦然面對的我。
當然在這過程，非常不好受非常痛苦
開始的初期我每天都哭到不成人形
但越痛苦穿越的力量越強大

「唯有體驗過痛苦的人，才能體會接踵而來的
幸福。」
我很喜歡這句話，大概是我因為這樣所以現在
的我總覺得自己真的很幸運擁有了好多、我真
的很幸福 🏖

以下這長篇 是我前陣子上課的作業
✉ 寫給自己的一封信
本來是發在自己臉書設定只讓自己看見
想了很久覺得自己沒有在穿越抗拒還是活在
舒適圈，於是後來又改成讓我的臉書朋友可
以看見
一向不太喜歡表露這麼真實內心深處的我，這
些年不斷在推著自己往前，不斷揭露抗拒讓人
看到的自己，但我越來越學著這麼做，因為我
發現：「和抗拒在一起，是讓自己成長最快的
方法。」
直至今日我都還在鍛鍊，鍛鍊自己和抗拒在一
起、並穿越它，也謝謝無形中陪著我進步的
人們。

想讓追蹤我的人，不只是看看外表跟美照
而是認識真真正正不完美但完整的篠崎泫
是我想做的事 😊
也希望可以鼓勵到類似處境也很不自信的人們
謝謝你們願意接納並愛這樣的我。

-以下是寫給我的一封信-

一直希望自己可以成為一個勇敢的人，因為妳
知道，當妳選擇勇敢的時候，很多事情都變得
不一樣了，妳才會開始讓身邊的人感受到真正
的妳。

妳想信任、想勇敢、想愛，是因為一直以來都

## ← 貼文　　　　　　追蹤

不信任別人會愛妳。妳很怯懦、膽小、愛面子、很多預設立場、很多判斷、很多好壞的標準、害怕犯錯、害怕被拒絕、害怕別人覺得妳不好、不敢愛人、不敢表達愛、害怕被拋棄、更不信任自己是值得的……曾經很長一段時間，妳生了病、輕生過數次，妳覺得世界對妳不公，妳憤世嫉俗，過著幾乎與世界斷了連結的生活，活在一個極度黑暗、絕望、孤獨的世界裡，找不到自己存在的意義和價值。但那樣的人生，經歷過就好了，妳現在擁有很多，妳是一個幸福且幸運的人！

妳經歷了太多的不堪和痛楚，造就妳的堅強與獨立；妳害怕別人覺得妳是壞孩子，造就了一個品學兼優的乖孩子；妳在絕望與窮困中逆死求生過，成就一個知足滿懷感恩的妳；妳曾經隔絕了世界認為自己是被拋棄的人，卻也成就一個付出、同理、熱心、善良、很願意給予愛的妳。

正因妳脆弱膽小，才知道自己多勇敢堅強；正因妳自私冷漠，才知道自己可以多有愛；正因妳有許多判斷和標準，才讓自己活得有承諾、有立場；正因妳承諾成為一個貢獻的人，才讓身邊的人收到很多妳的付出。

一路走來，太多的判斷與標準綁架著妳，恐懼與不信任困住了妳很久很久…

妳很獨立，但也是時候該接受那個也想要被疼愛、被保護、可以依靠人的妳；
妳很堅強，但也允許自己可以有脆弱、有無助、無能為力的時候；
妳很善良，但也允許自己可以有選擇、可以有只在乎自己感受的時候；
妳很勤奮，但也接受自己也有懶惰、想平庸、不那麼自律的時候
「生命只有當下」，任何事情都是中立的，只在每一個當下，生與滅，都只在那一個當下。
每一個特質、好壞、標準，都是我去定義我去評判的。
別再用二分法的標準鞭策自己了，接受每一個面向的妳，都已是那個獨特且最美好的妳。
妳辛苦了！不管是什麼身分和樣子，都是完整且值得被愛的妳。

愛妳的篠崎。

啊對了其實我不喜歡很多人說一些形容我過去是悲慘那類的詞
我算是很幸運了，好手好腳也長得白白胖胖
所以我不悲慘！我是勵志！！😊😊😊

#其實這張照片是不小心按到拍照
#生命每個當下都是美好的
#希望我能陪著一些人一起成長

hsyan0625 ✓

期許自己在新的一年
可以更游刃有餘、從容優雅的面對各種挑戰🖤

2022過得很快很忙碌但也很充實
帶著蛻變後的自己在人生中創造
是個充滿很多冒險、突破的一年
嘉許自己真的活成了勇敢

今年也是成長了許多的一年
不只是外顯的成績 更重要是內心的平和
這一年有意識的鍛鍊自己中立、中庸
提醒自己不在任一邊的極端模式驅使我的行為

可以很拼命也可以很放鬆休息
可以理性也能開始讓感性釋放

可以要求完美但同時學著釋然
可以悲觀底層卻又正向著前行

同時當然也接受著，我可以是任何的樣貌
（風情萬種的女人看似玩笑但我是認真的😊）

今年是我流過最多眼淚的一年，卻可能也是
我最快樂的一年，感謝自己再難受都選擇了
承諾。

當然我依然緊握一些對我來說極其重要的事
但今年的我也放下了許多、重組了許多
放下自己很多判斷與標準、對與錯之間的掙扎
本就沒有所謂一定的對與錯、好與壞
更多時候選擇了心之所向、無愧於心即可

所以新的一年
希望自己能更從容優雅的面對一切冒險與挑戰
走在喜歡的道路上、做著喜歡的事
成為自己也會喜歡的人🌾♀🌾

活成我的承諾
我是我所鍛鍊的。

祝大家新年快樂🎆
一起活成自己喜歡的樣子🌾♀🌾身邊充滿愛💗
-
📧@lyna334998
💇‍♀️年底染了深髮結尾 @relux_carl
📷@overdesign_vivianliang
💎@goldphilosophy_official_tw @goldphilosophy
#GPsocialite #goldphilosophy #goldphilosophytw
#NYfashion #輕珍珠時尚哲學

玩藝 134

## 別讓世界奪走你該有的燦爛：
## 餘生，只需要取悅自己

作　　者—篠崎泫
文字協力—蕭子喬
封面攝影—Gary
內頁攝影—小瀧、魚、莉奈、篠崎泫、藤井樹
妝髮造型—Candice、Vita、莉奈
責任編輯—呂增娣、徐詩淵
校　　對—魏秋綢、徐詩淵
封面設計—李韻芳
內頁設計—李韻芳
副總編輯—呂增娣
總 編 輯—周湘琦

董 事 長—趙政岷
出 版 者—時報文化出版企業股份有限公司
　　　　　108019台北市和平西路三段240號2樓
　　　　　發行專線—(02)2306-6842
　　　　　讀者服務專線—0800-231-705　(02)2304-7103
　　　　　讀者服務傳真—(02)2304-6858
　　　　　郵撥—19344724時報文化出版公司
　　　　　信箱—10899臺北華江橋郵局第99信箱
時報悅讀網—http://www.readingtimes.com.tw
電子郵件信箱—books@readingtimes.com.tw
法律顧問—理律法律事務所　陳長文律師、李念祖律師
印　　刷—勁達印刷有限公司
初版一刷—2023年08月18日
初版五刷—2024年04月24日
定　　價—新台幣520元
（缺頁或破損的書，請寄回更換）

別讓世界奪走你該有的燦爛：餘生,只需要取悅自己 / 篠崎泫作.
-- 初版. -- 臺北市：時報文化出版企業股份有限公司, 2023.08
　面；　公分
ISBN 978-626-374-155-3(平裝)

1.CST: 篠崎泫 2.CST: 傳記 3.CST: 自我實現

783.3886　　　　　　　　　　　　112011822